内部監査は諸刃の剣

その価値と有効性

アイ・エー・アーク
コンサルティング株式会社
近藤利昭［著］

一般社団法人金融財政事情研究会

はじめに

1997年、ニューヨークに渡り初めてオーディットの業務に就いてから、はや四半世紀がたった。プロのインターナルオーディター（内部監査人）との仕事は日々、鮮烈な体験の連続であった。帰国後4年間、欧州やアジアの内部監査人と業務を共にしながら、当時の日本にはまだ存在すらしていなかった内部監査の役割、重要性をひしひしと感じ、筆者の心は揺さぶられた。そして2002年に銀行を退職、内部監査のプロ活動を始めてから今年で20年目。ライフワークと心に決めた日本の内部監査の発展は、この間正直いって期待したほど進んでいない印象だ。世間では、リーマンショック、東日本大震災の災禍に見舞われる一方、東芝を筆頭に名だたる企業の不正、不祥事がこれでもかというほどに頻発し、そして2020年から2022年にかけてコロナ禍が世界を飲み込んだ。それらに呼応するように会社法が改正され、コーポレートガバナンスコードが制定されたが、内部監査もまたこのよう済、労働環境は激変し、会社の在り方そのものが変わった。社会、経な時代の変遷とともに、本道であるGRC（ガバナンス・リスクマネジメント・コンプライアンス）の分析力を高め、その有効性や存在価値をいっそう高めていかなくてはならなくなった。

内部監査は〝人〟が実施するものである。その〝人〟への計画的かつ体系的な投資こそ、経営目標の達成に資する質の高い内部監査態勢構築の近道となる。人への投資をしない限り、効果的な良い内部監査など望むべくもない。令和に入り、団塊に次ぐ世代が定年を迎える今日、内部監査人の世代交代はどの会社でも喫緊の課題とされている。不安定な社会、政治、経営環境にあって、内部統制の監視機能を担う内部監査部門は、会社の屋台骨を絶え間なく支え続けていかなくてはならない。

企業の内部監査部門は、一般に自身の有効性や効率性を高めようとするが、実際に成果をあげている会社は決して多くはない。なぜか？　一つには計画の遂行に追われ、部門の運営自体の有効性にまで十分に手が回らない。あるいは社内に内部監査を知り尽くした人材がいないため、外部のコンサルティング会社に全面的に頼らざるをえないなどの理由があると推察される。

日本での内部監査部門への配属は、依然として人事部主導の異動が主だが、それでは〝やらされ感〟が先に立ち、いきなり専門性を発揮しろなどと上司から強制されても、モチベーションなど生まれるはずもない。そこで近年は、内部監査部員を「社内公募」するなど工夫を凝らす会社も増えてきた。また、内部監査を行ううえで、若年であることや浅い経歴が大きなハンディになることはない、との認識も徐々にではあるが広がりつつあるようだ。実際、筆者はある女子大のリカレント教育課程で、それまで監査とはまったく縁もゆかりもなかった社会人女性らに、新しいキャリア形成の道を開き、同時に企業社会が取り組む「ダイバーシティ」の可能性を広げる一助として、内部監査の実務講座を10年余り担当している。最近では講義を受けたわずか半年後にＣＩＡの１つのパートを合格した女性もいる。要は、本人のモチベーションをどう高めるかである。

企業が内部監査の有効性と効率性を高める王道は、社内で人材育成に取り組むことである。社内で養成した内部監査の人材を活用することで、外部のコンサルタントに頼らず、内部監査態勢の内製化を進めていくことが可能となる。私の知る先進的な大手企業では、グループを対象としたビジネスクールに内部監査コースを新設した。次世代を担う内部監査人の育成をいち早く本格的に進めている事例である。また別の会社では、比較的人員層が厚い事務職人員の監査部門への積極登用が検討されている。

本書が取り上げる内部監査のキーワードは、「動態的な専門性」「多面的な評価軸」「リスク評価」「資源計画」「リスクマトリクス表」「プロセスチェック」「ギャップ分析」「ラポール」「証跡主義」「監査リスク」「品質評価」「プロの専門領域」「ダイバーシティ」「CSA事業所検査」に「ガバナンス監査」などである。馴染みのある言葉もあれば、「なんだ、これは？」というものもあるかもしれない。平成から令和に時代が移り、内部監査を担当する、いや内部監査を学ぼうとする者にとって、一つひとつが重要な道標である。

本書は、2008年に刊行した『内部監査を活かす術』の改訂版として執筆を開始したが、筆をおいてみると、筆者がこれまで蓄積してきた、地域、会社、場面を問わず通用する内部監査の理論と技術の集大成となった。内部監査の専門的書というよりも内部監査人育成の教材として、すでに内部監査業務に携わっている、あるいは監査業務に興味を抱き志望する人、そしてこれから社会に巣立とうとする学生諸兄姉にもぜひ読んでいただきたいという思いで執筆した。〝学ぶことはまねをすること〟である。本書で記した「序・起・承・転・結・翔」の各章の50の項目は、筆者の経験の粋を集めたものである。日本の内部監査が旧習にとらわれることなく、多角的に発展するために、専門職が最初に読むべき実務書として、多くの皆さんに活用いただければ、これほどの喜びはない。

アイ・エー・アークコンサルティング株式会社
代表取締役　近藤　利昭

目次

承の章 専門職としての往査の卓越した技術

翔の章

序の章

内部監査の〝基盤〟と内部統制を押さえる

第1項

内部監査人に求められる能力とは？

それぞれ職業には固有の能力や特性が求められる。米国ＭＬＢで歴史的な活躍を見せる大谷選手も、プロ野球選手に必要な能力〝投・打・走〟の３本柱がすべて卓越しているからこそ、野球ファンの記憶と記録に残る大偉業を達成することができた。

監査業務に従事する内部監査人の求められる能力とはなんだろうか。いろいろあるが、個別監査のステージごとに考えてみよう。保証監査を行う場合、事前準備の段階でまず予備調査を行う。その際、監査対象部門の現状を把握、分析するための〝情報収集力〟が必要となる。限られた時間で可能な限り多くの情報を集めなければならない。それらの情報をもとに、監査対象部門に潜在、あるいは顕在するリスクを識別するための嗅覚や〝分析力〟を要する。さらには最終的に監査の目的や範囲をまとめあげる〝企画・計画力〟が求められ、当該監査の監査目標が決められる。

次に往査ではどうか。業務現場でどのようなプロセスと手続きで業務が執行されているのかを見きわめる鋭い〝観察力〟が要求される。また、業務管理者との面談の際、現状を聞き出す〝質問力〟も重要だ。質問の仕方次第で、集まる情報の深さが違ってくる。そして業務プロセスの有効性を判定するための〝判断力〟。限られた時間内で現場での予定された監査業務を滞りなく完了させるためには〝タイムマネジメント〟も欠かせない。なかには時間管理が苦手な内部監査人もいる。監査責任者は往査期間中、毎日チーム内の打合せを通じて、監査担当者の進捗管理を行うことが肝要となる。

往査が無事終了し、監査調書や監査報告書の取りまとめ作業では、検出された指摘事項に対する〝問題解決力〟や〝改善提案力〟が内部監査の価値を左右する重要な資質となる。そして、監査調書や監査報告書で最も重要視される能力は、書く技術〝文章力〟であろう。筆者も経験した海外のオーディットでは、このライティングスキルがとても重視される。最高経営責任者や取締役会に対して経営の内部統制の有効性の評価結果を報告するとともに、喫緊の重要課題がある場合には、その認識を正しく共有するためにも、監査調書や監査報告書の出来は、監査部長がもっとも気を遣うところである。

しかし、筆者が内部監査人にもっとも求められる能力は〝説明力〟をあげたい。それはなぜか。一般に往査で発見された指摘事項は、監査担当者の評価結果であり、判断結果である。また、専門家としての内部監査人の主張でもある。通常、特にハイリスクと判定された指摘事項に対しては、業務責任者からの強い反発と反論が待ち受ける。単に「規程やマニュアルに記載されたとおり、行っていない」といった杓子定規な説明では十分ではない。指摘を受ける業務責任者を納得させるには、客観的な説得力ある説明が必要となる。

「指摘は受けるが、どのようなリスクを想定し指摘するのか、説明しほしい」と業務責任者から説明を求められたら、あなたはどう対処するか。そのためには、指摘する事実がもたらすリスクの種類や経営への影響の内容は最低限の論旨となろう。すなわち、身につけた専門的な監査理論を頭の中で整理し、業務責任者が想定していなかった統制の脆弱性をわかりやすく、丁寧に説明することが肝要だ。内部監査人の真摯な説明を受け、業務責任者は状況の改善、是正へのモチベーションを高めることとなる。内部監査人の専門的な知見を背景とした説明力が、脆弱だった内部統制の改善を後押しする。

内部監査人養成スクールなどの外部研修や公認内部監査人（ＣＩＡ）等の資格受験などで学ぶのは、内部監査の基礎理論であり、練習問題を解く訓練等を通じて得られる監査業務の疑似体験である。特にＣＩＡの資格試験の準備で接する模擬問題は、単に過去問の模範解答を暗記するためではなく、活きた監査実績ととらえたい。ＣＩＡの問題作成者自身の監査体験を基にした、さまざまなシラバスの試験問題は、内部監査人がいつか監査業務の現場で出くわすかもしれない監査実務そのものである。ＣＩＡの出題はすべて四答択一であり、設問の論旨に対してＡ・Ｂ・Ｃ・Ｄどれが正答か、すなわち適正な考え方か、を問う。それを解いていくことは、あらゆる業種や事業規模の企業等に在籍するＣＩＡ保有者のボランティアが、自ら実際に体験した実務から導き出された内部監査人としての正当な思考方法を学ぶことにほかならない。実際の監査業務の現場で遭遇するストーリーを想定させ、専門家として内部監査人ならどう考えるべきか、どう対応すべきかを簡潔な択一で解く。資格取得をめざす者にとって、大変有意義な勉強となるのである。

内部監査人としての総合力、そのなかでも自身の説明力を常に意識し、しっかりとした監査の理論を身にまとい、理論に裏付けられた実務の蓄積を図っていく。その過程で、内部監査業務における判断力が強化され、時間に比例した生きた監査実績が築かれることとなる。そして、最終的にその積み重ねが内部監査人としての強い自信へとつながっていくのである。

第2項

監査業務に向き・不向きの性格判断
～あなたの性格は向いているか～

筆者は1997年から内部監査業務に携わってきたが、初めの2年間は米国でプロのインターナルオーディター（内部監査人）との仕事であった。99年に帰国後は米国に加えて欧州・アジア、具体的には英国、ドイツ、フランス、ベルギー、そして中国、香港、シンガポール、タイ、インド等の現地インターナルオーディターとの業務が続いた。

海外の内部監査人は、監査業務に対して比較的コツコツタイプが多かったような印象を受けた。黙々と監査担当業務の予備調査、計画の立案、往査での面談、監査調書や指摘事項をまとめ、声高に荒げることもなく、どちらかというと大人しいタイプの人間が多かった。それでもたまにではあるが、監査対象部門の業務責任者側から、監査担当者へのクレームが出ることがあった。態度とか性格というより、海外では監査を受ける側も業務に対するプロ意識が強いので、インタビューでの監査担当者の質問の仕方や内容・レベル、説明した内容への理解力の乏しさなどがクレームの対象となった。おそらく日本では、監査部門にクレームをつける業務責任者など皆無であろう。不満に思うことはあっても、指摘されないですんだのだから良しとしようと、許してしまうだろう。

2002年に銀行を退職し内部監査のプロ活動に入ってから筆者は、多岐にわたる業種や事業規模の会社でのコンサルティング業務や、提携した監査法人等とのコラボレーションを通じてさまざまな人たちと監査業務を共に実施してきた。それらの経験を通して感じたことは、内部監査業務には向いている性格とそうでない性格があるということだ。明らかに監査業務に向いていない人の場合、ともすると面談や事実確認等で監査リスクが露呈することがあるので、監査責任者は注意をしなくてはならない。

それではここで、読者のみなさんに内部監査の業務に向いているか、自己診断をしていただきたい。次の項目に「はい、いいえ」で答えてほしい。二択だが、迷った場合にはどちらかというとこちらかな、というゆるい感じでかまわない。

1. 物事を筋道立てて考えることができる。	□はい	□いいえ
2. 第一印象や先入観が強いほうで、客観的に見るのは得意ではない。	□はい	□いいえ
3.「ベテランは仕事を良く知り、頼りになる」また「経験の豊富な者は悪いことはしないはず」と、どちらかというと性善説を信じる。	□はい	□いいえ
4. あがり症で、人とのコミュニケーションをとるのが苦手。	□はい	□いいえ
5. 反対されても自分の意見や考えを説明できる粘り強い性格。	□はい	□いいえ
6. 文章を論理的に書くことが苦にならない。	□はい	□いいえ
7. プロセスを続けたらどのような事態が起きるかの想像力に乏しい。	□はい	□いいえ
8. 物事を時系列的に整理し、考えることができる。	□はい	□いいえ
9. 資格を取るなど自己実現に向けて努力するほうである。	□はい	□いいえ
10. 相手の肩書や地位の高い者には、萎縮する性格である。	□はい	□いいえ
11. 人の話しのなかで事実と意見や要望を聞き分けることができる。	□はい	□いいえ
12. 立場上、物事を是々非々でとらえることができる。	□はい	□いいえ

さて、どんな結果であったであろうか。それぞれ人の性格として、どちらが良いか悪いかという善悪の話ではない。内部監査の業務を行ううえでは、さまざまな局面に遭遇する。その際に、どのような態度を取るか、あるいは取れるかが大事である。この診断項目1、5、6、8、9、11、12のなかでの【はい】と、2、3、7、10のなかでの【いいえ】の回答数の合計が6つあれば、相当内部監査業務に向いているといえる。さらに9つ以上であれば、まったく筆者の個人の感想ではあるが、これはもう内部監査部門へ異動願いを出したほうがよい。

少し解説しよう。「項目1」は感覚的、感情的にならず、論理的に考えることが内部監査に必要な要素となる。「項目5」は保証監査の監査の現場ではよくあることだが、業務責任者からの指摘への反論はつきものであり、それにプレッシャーを感じていては監査業務を行うのは厳しい。「項目6」は口頭説明と同様に、文章力は監査担当者に求められる必須の要件である。しかし、これは訓練を積めば技術は習得できるので、心配は無用である。「項目8」の時系列とは、論理性に時間の概念を加味することであり、時間の前後によって統制の有効性がまったく異なったものとなる。「項目9」は内部監査の評価対象である経営方針や商品・業務、業法など経営環境は常に変化しており、専門性を身につけるために資格等の取得による自己研鑽は常に求められる。「項目11」は面談などで業務責任者の説明で特に重要な〝事実〟を把握する能力を問うものだ。「項目12」は長い物には巻かれろ的な姿勢ではなく、会社にとって悪い事は悪いと意見表明することが大切であることはいうまでもない。

どんな仕事にも向きがある。しかし、いくら適性が高くてもそれがそのまま仕事の成果や成功を保証するものではなく、逆に不向きの性格でも本人の努力や情報収集力によって人は自らを変えることができるはずである。内部監査で求められる考え方、行動、コミュニケーションなどのあり方を知ってさえいれば、たとえ自身の性格が不向きでも、少しの努力で監査の場面場面であたかも天職であるかのように振る舞うことはいくらでも可能である。性格と内部監査の関係について、一度考えてみても面白いかもしれない。

第3項

内部監査の真髄はプロセスだ!!

「内部統制はプロセスである」と定義されるが、〃内部監査の本質もまたプロセス〃である。どういう意味か。内部監査はそのプロセスの完成度によって品質が決まる。これは、監査業務に携わる者にとって非常に重要な命題だ。プロセスとは過程、経緯、手順などの意味だが、「目的を達成するための工程一つひとつの進め方」と理解するとわかりやすい。

筆者が内部監査業務に初めて携わった1997年、渡米しニューヨークでさくら銀行（現在の三井住友銀行）のオーディットチーム（米州検査室）の発足に当たり、若い米人のプロの内部監査人（インターナルオーディター）が草案を起こした内部監査規程（オーディット・チャーター）に、COSO（トレッドウェイ委員会支援組織委員会）が92年公表した内部統制のフレームワークを軸とした内部統制（インターナル・コントロール）の定義が明記されていた。平易で簡潔な英文で、筆者が初めて触れる内部統制の内容をすぐに理解することができた。そして内部監査の役割は、この内部統制の有効性を独立した立場で定期的に評価するとあり、監査のプロセスが詳細に記載されていた。ただ、当時の筆者にはまだ、そのプロセスを監査業務の品質と結び付ける発想はなかった。その後2年間リスクアプローチによる保証監査を現地の内部監査人と実践し、個別監査の終了時に必ず実施する内部の品質評価まで重ねるうちに、プロセスを大切にする意義を知った。さらに帰国間際の99年、現地の監査法人系コンサルティング会社にオーディットチームの外部の品質評価を導入した際、その評価作業の過程で、内部監査にとってプロセスの完成度がいかに重要であるかも実感した。筆者が「内部監査はプロセス」との結論を得るのに、およそ2年を要したわけだ。

本項の冒頭で触れた内部統制のプロセスについて、少し補足しよう。

2013年5月に改訂されたCOSOは内部統制を次のように定義する。

「内部統制とは、事業体の取締役会、経営者およびその他の構成員によって実行され、業務、報告およびコンプライアンスに関連する目的の達成に関して、合理的な保証を提供するために整備された一つのプロセスである。」

すなわち、内部統制は成果主義に基づく新人事制度や高度に分散化された新システムの導入などといった施策を示すものではなく、企業目標を達成するために、経営の上層から下層の細部にまで張り巡らされた体制と運用を含む全社的な仕組みを指す。企業トップの経営方針、戦略、経営計画、組織に人事体系、権限と責任など統制環境から、リスク評価、リスクの低減を意図した統制活動、情報の共有と伝達にモニタリングといった社内に整備された仕組みは、〝面〟にたとえられる。〝面〟は、社内のあらゆる階層でPDCA（計画・実施・検証・改善）を基本として、それぞれの目標や目的を達成するために運用される。ちなみに99年に日本で公表された金融検査マニュアルはまさにこのCOSOのフレームワークに基づく構成で作成された。

では、内部監査のプロセスとは具体的に何か。内部監査の品質評価の対象となる個別監査の業務プロセスを例にして説明しよう。業務監査は通常、①事前準備、②往査、③事後作業の三つのステージで行われる。それぞれの作業の目的、内容、作成される監査調書などは、体系的に内部監査規程や運用手続きの細則を取りまとめた内部監査実施要領に規定される。これらの整備を前提として、承認された年度監査計画のスケジュールにのっとって個別監査が実施される。初めに予備調査で監査対象部門のリスクを想定し、リスクに対する業務現場の統制の有効性を往査で検証し、評価する。監査の経過と結果はすべて監査調書に記録する。監査報告書の正当性は、設定された監査目標に向かって敷設された鉄道のレールの上を適切に走行して初めて担保されることとなる。たまに「内部監査は監査報告書がすべてだ。」と勘違いをしている内部監査部長を見かけるが、そうではない。指摘事項や監査報告書の内容が有効なプロセスから生まれたものでなければ、その信憑性や有効性に100％の信頼を置くことはできない。指摘事項や監査報告書は単独では意味を持たず、精緻に設計され承認された監査プロセスの線上にあって、初めて重要な意義をもつ。そしてその線はリスクを指標に、内部統制の面上にあらわれる欠陥や不正の兆候を決して見逃すことなく警戒モニタリングを続けていくものだ。

内部監査に携わる者は、監査のプロセスの重要性を肝に銘じて、経営に資する日々の監査業務に取り組みたい。

第4項

内部監査のカバーすべき3つの監査領域

内部監査人協会（ＩＩＡ）の発行する「専門職的実施の国際フレームワーク」、通称レッドブックで定義される内部監査の領域は3種類だ（レッドブックおよびそこで定義されている内部監査の領域については、第8項に詳しい）。すなわち社内の「リスクマネジメント、コントロールおよびガバナンスの各プロセス」である。監査部門のこの3つの評価の対象を総称して〝内部統制〟と呼ぶ。内部統制を構成する重要な分野を3つに総括して説明しているわけである。これらの「プロセスの有効性の評価・改善を、内部監査の専門職として、規律ある姿勢で体系的な手法をもって行う」とする。規律ある姿勢とは、内部監査人としての熟達した専門的能力と専門職としての正当な注意義務を指し、体系的な手法は、内部監査規程や内部監査実施要領等で定められる監査プロセスをいう。前者は、自らの職責を果たすために必要な知識、技能およびその他の能力をいい、後者は、例えば監査目標を達成するために必要な作業の範囲の選別や重大な誤謬、不当事項、法令等の違反の可能性等に配慮して、専門職として正当な注意を払うとされる。

では、監査部門はこの3領域を実際の年度監査計画ですべて網羅できているであろうか。筆者がコンサルティング業で多くの企業の年度監査計画をレビューしてきたが、残念ながらこれらを監査範囲（オーディット・ユニバース）として明確に年度監査計画の対象ととらえている監査部門は決して多くはない。ミドルオフィスとしてのリスクマネジメントやコントロールとしての業務現場の第一線を監査対象とする会社は少なくないが、共通した課題はガバナンス領域である。多くの場合、この領域が漏れている。監査部門の品質の外部評価を行うと、例えば内部監査規程等で、IIAの定義に従い3領域を監査の対象とする旨記載されてはいるが、実際に数年分の監査計画をサンプルで見る限り、明らかに対象外となっている。監査部長の方針か、あるいはそもそも監査対象としての認識がないのかは、不明である。では、これらの3領域は具体的に何を示すのか。内部監査の目的と対象を整理してみたい。ここでの監査活動はコンサルティングではなく、客観的な保証活動を意味する。保証活動とは、会社の経営計画や業務目標を達成するために、リスク管理の観点から業務の有効性・効率性を継続的に、①検証、②評価し、その結果を③最高経営責任者と取締役会へ報告し、④監査対象部門や関連所管部署へ不備の改善を促し、⑤不備の是正状況をフォローアップするという、監査業務の一連のプロセス（仕組み）を意味する。

まず、リスクマネジメント領域である。リスクマネジメントとは、企業の目標を達成するために、社内外で発生するさまざまなリスクを識別・管理し、体制を構築することでリスクの顕在化を防止することである。したがって、監査の対象は各リスクに関する責任を有する所管部署と管理責任者ということになる。ミドルオフィスとか第二ディフェンスラインと呼ぶこともある。具体的には、信用リスク（融資企画部等）や市場リスク（市場企画部等）、オペレーショナルリスク（事務部や情報システム部等）、法務リスク（法務部等）、人事リスク（人事部等）などのリスク所管部と全社的なリスク管理を担うリスク統括部である（それぞれ具体的な所管部の名称は、会社の業務分掌によって異なってくる）。

次のコントロールとは、業務目標を達成するために、業務活動を通じて、リスクの低減や業務の有効性と効率性を実現することであり、監査の対象はその責任を有する所管部署や拠点管理責任者である。当該部門はフロントのほか、バックオフィスや第一ディフェンスラインである。具体的には、営業本部や拠点（支店、店舗等）、企画、管理本部等が該当する。

最後のガバナンスは、企業目標を達成するために、会社の重要な方針、戦略や方向性を決める、社内の意思決定委員会等を指す。例えば、コンプライアンス委員会や危機管理委員会、ALM委員会、お客さまサービス向上委員会、CSR委員会などが該当する。監査の対象は、各種委員会とその最高責任者である委員長となる。このガバナンスに関する保証監査は、多くの企業の内部監査部門共通の課題ともいえるが、技術的にはそれほどむずかしい監査ではない。それぞれの委員会の組成目的を達成するために、毎年、必ず運営方針と計画が立案され、それらに基づきアクションプランが策定され、その実績がフォローされているかなどをPDCAサイクルでひとつずつ検証、評価していく。評価の結果、有名無実の委員会や、組織として機能していない委員会などが炙り出され、逆に、組織としてきわめて有効に機能している委員会については、その体制面の強さや実績を最高経営責任者や取締役会へ報告することによって、監査部門への信頼性やプレゼンスが格段に高まることとなる。

監査部長は内部監査の品質に常に注意を払わなければならない。監査の根幹である監査対象に不足・漏れがある年度監査計画は、監査部門にとって致命的である。もちろん監査部長にしかるべき明確な理由がある場合は別だが、多くは過去に前例がないとか、どう監査すればよいかわからないというケースであり、なかには「それは監査部門の監査範囲ではない」という監査部長の単純な勘違いによることもある。内部統制の独立したモニタリング機能の重責を担う監査部門として、監査部長はカバーすべき監査対象の領域をしっかり押さえておきたい。

第5項

内部統制は3つのキーワードが道標

内部監査に携わる者は、えてして監査業務関連の知識や技術にばかり注目しがちである。手っ取り早く監査業務の実査で戦力となるべく、既存の点検書やチェックリスト等に従って検査を行う。一方で保証監査の評価対象である内部統制については、それほど力が入っていないように見受けられる。しかし、内部統制を知ることで、監査対象部門の様相がまるで別世界のようにはっきり見えてくる。運営方針や経営計画、業務環境、労働状況、規程・マニュアル等の整備状況など、一見独立してバラバラに存在するかのように思える一つひとつの事象が、実はそれぞれ関連性を持ち、一本の鎖のように結びついていることがわかる。

世界で最も知られ、多くの国で導入される内部統制の枠組みは、1992年に米国のトレッドウェイ委員会支援組織委員会から公表されたフレームワークである。この内部統制の概念は、同委員会の頭文字をとって「COSO」と通称されている。COSOは、日本では金融商品取引法や会社法等で参照されており、特に金融商品取引法の一部であるJ－SOXの全社統制の有効性の評価項目などにも用いられている。それゆえに、内部監査の業務において内部統制を知ることが必須である。

内部統制は難解な概念と敬遠する人もいるが、3つのキーワードを使うと、意外と簡単に理解することができる。すなわち、「内部統制は、⑴企業や部門は、通常それぞれ独自の〝目標〟を設定する、次に、⑵目標達成には必ず、それを阻む〝リスク〟が存在し、最後に、(3)それらのリスクを低減する〝コントロール〟（統制）が求められる。」と理解すると、大変わかりやすい。キーワードは、〝目標〟、〝リスク〟と〝コントロール〟である。そこに、リスクの分類やコントロールの種類に関する基本的な理論を補足すると、監査業務に大いに役に立つ。内部統制は企業が持続可能性を維持し、存続するための要件（プロセス）であり、この3つのキーワードから構成されるのである。

では、このキーワードを監査業務風にアレンジして理解するとどうなるか。まず、目標であるが、これは監査対象部門が会社レベルかあるいは部門・拠点レベルかで、目標の大きさが違ってくる。企業を存続させるための会社レベルの目標には、収益目標の達成や市場シェアの拡大、株価の維持、優良な商品開発、コストの最小化、業務プロセスのスリム化、資産の保全、社会的責任（CSR）を果たす等さまざまである。部門レベルでは業種や事業規模、社風に応じて、それぞれ業務分掌単位に独自の経営目標が設定されているはずである。

次に、リスクはどうであろうか。リスクの分類は多彩である。金融業務に係るリスクには、信用リスク、市場リスク、流動性リスク、オペレーショナルリスク、法務リスク、人事リスク等がある。また、経済産業省では、主に事業会社向けに(1)事業機会に関連するリスクと⑵事業活動の遂行に係るリスクとに分けている。前者は、a．新事業分野への進出、b．商品開発戦略、c．資金調達戦略、d．設備投資に係るそれぞれのリスクを表し、後者は、a．コンプライアンス、b．財務報告、c．商品の品質、d．情報システム、e．事務手続き、f．モノ、環境等に関するリスクに分類している。凝った内容よりも、ある程度統一され、体系化されたリスクの分類方式が望ましい。

では、それらのリスクへの対策はどのようなものか。JISのリスクマネジメントシステムの構築指針では、リスク対策は次の4種類が定義される。すなわちリスクの①保有（Risk Retention）、②回避（Risk Avoidance）、③低減（Risk Reduction）と④移転または共有（Risk Transfer）である。このうち、日常の業務運営で最も採用されているのが、3番目のリスクの低減行為である。事務手続きやルールの設定は想定されるリスクを低減する行為の典型である。なお、究極的にこれら4つの対策でもカバーしきれない場合、事業目標そのものを見直すことさえも、企業にとっては選択肢となり得ることを知っておく必要がある。

最後のキーワードのコントロールであるが、代表的なコントロールは、「予防」「発見」「回復」、そして「指導」的コントロールである。このうち、事前の統制は予防と指導的コントロールであり、事後の統制は発見と回復的コントロールである。

監査担当者は、内部統制を確実に自分のものとしたうえで、リスクやコントロールの基本的な知識を活用して、監査対象部門の内部統制を見る習慣を身につける。これがリスクアプローチ監査の原点となり、より鋭い視点で、営業現場や本部で実施される業務活動の有効性を見ることができるようになる。監査業務に携わるものは、内部統制のキーワードを常に肝に銘じておきたい。

第6項 内部統制の見方・活かし方

内部統制のフレームワークが1992年に初めて公表された後の20年の間、ビジネスや業務環境は著しく多様化・複雑化し、ヒト・モノ・カネの動きもボーダレスとなり、テクノロジーの急激な発展とともに、劇的な変化を遂げてきた。それらの変化を反映し、COSOのフレームワークは2013年に改訂された。改訂版の構造自体は1992年のオリジナル版を踏襲した。ただし、オリジナル版が5つの構成要素、すなわち「統制環境」「リスク評価」「統制活動」「情報と伝達」そして「モニタリング」をビジネスのPDCAサイクルに合わせて説明されていたのに対して改訂版では、これら構成要素を17の基本原則に細分化し、定義し直している。参考までに双方の内容を図表1に示した。筆者の印象として、もともとの原典を理解せずして、改訂版をいきなり咀嚼、理解することは困難と思われることから、ここでは、内部監査を担う者として内部統制を理解することが主旨なので、5つの構成要素については当初のCOSOをベースに説明することとする。

その前に、COSOのフレームワークで内部統制がどのように定義されているかを確認しておこう。2013年改訂版には、「内部統制は、事業体の取締役会、経営者およびその他の構成員によって実行され、業務、報告およびコンプライアンスに関連する目的の達成に関して、合理的な保証を提供するために整備された1つのプロセス」とある。

そして内部統制の目的を、①業務の有効性と効率性、②財務および非財務の報告の信頼性と透明性（内部と外部報告）、そして③コンプライアンス（関連法規、規則等の遵守）の3つに集約し、内部統制は経営目標を達成するための必要なプロセス、とする。それは絶対的なものではなく、人間の判断、故障、権限逸脱、共謀や自然災害（内部統制の限界という。）などの理由で内部統制が機能不全に陥ることが考えられ、合理的な範囲での達成とされる。

これら3つの目的を達成する〝手段〟として、前述のとおり1992年オリジナル版は、内部統制のプロセスには次の5つのステップ（構成要素）が必要と説く。ここで一つ気をつけたい点がある。この構成要素の内容は、単に静態的に暗記するものではなく、活きた組織体の動態を観察する手法を監査活動に適用することで、監査対象部門の内部統制の深い理解が促進されるということである。

5つの構成要素とは、次のとおりである。

1．統制環境（Control Environment）
2．リスク評価（Risk Assessment）
3．統制活動（Control Activities）
4．情報と伝達（Information and Communication）
5．モニタリング（Monitoring）

順に、説明することにしよう。

1.〝統制環境〟を示す7つの経営基盤

(統制環境は、組織の気風を決定し、組織内のすべての者の統制に対する意識に影響を与えるとともに、他の基本的要素の基礎となる。)

(i)企業風土
(ii)組織構造
(iii)行動規範
(iv)誠実性と倫理的価値観
(v)権限と責任の割当
(vi)人事体系
(vii)要求される能力水準

これら7つの要件は、内部統制の整備のなかで、目標達成への影響が最も大きい項目とされる。(i)の企業風土は、経営方針や戦略、経営計画などを指すが、さすがにこれらが策定、明文化されていない会社はないだろう。意外と職員や組織に影響を与えるのは、企業文化であろうか。(ii)の組織構造のなかで重要性を持つのは、会社の方向性を左右する意思決定委員会や報告経路である。特に広翼型の組織形態では、業務分掌と責任の重複や漏れ等に注意を要する。(iii)と(iv)の行動と倫理規範の遵守は、社員だけでなく派遣、パートを含む全職員が対象とされ、可視化し、周知する仕組みの有無や罰則規程が核となる。(v)は権限規程や職務規程、ジョブディスクリプション（職務記述書）の有無、妥当性などに焦点を当てる。(vi)の人事体系は、人的資源に関する方針と管理方法の明文化、ハラスメントやＬＢＧＴへの対応、労基法の遵守などである。(vii)の要求される能力水準は、業務のなかで特に専門性が求められる部門担当者の専門知識や教育・研修体制などが焦点となる。例えば、リスク管理、会計、法務、税務、内部監査部門などが対象とされる。

これらの7つの要件のどれかが欠けても、経営環境の綻びとなり目標達成の気運を削ぐこととなる。

2. リスク評価の管理プロセスにおける3つの重要事項

（リスク評価は、経営目標の達成に影響を与える事象について、目標達成を阻害する要因をリスクとして識別、分析、評価し、当該リスクへの適切な対応を行う一連のプロセスを意味する。）

(i)リスクを識別する仕組みの構築

(ii)リスクを評価する主体の設置と評価作業
(iii)重要なリスクへの対応
(i)のリスクの識別は、新技術の進歩や新しい法規、顧客ニーズの変化、自然災害などの外部要因や情報システムの不具合、社員の質の変化や未熟な教育訓練などの内部要因など、重要な活動レベルの目的ごとにリスクを識別する仕組みとその有効性がポイントとなる。(ii)のリスクの評価作業は、リスクの大きさの見積もり、リスクが顕在化する可能性やリスクの分析プロセスの十分性と企業目的との適合性などに着目する。
(iii)の重要なリスクへの対応は、識別されたリスクの重要性の評価結果に基づき、会社にとって影響の大きなリスクに対する具体的な行動の決定とその効果のモニタリング状況に注目する。

3．〝統制活動〟の2本の柱

(リスクの低減を目指した経営者の命令および指示が、適切に実行されることを確保するために定められる方針および手続き等を意味する。)
(i)方針と手続き
(ii)職責分離

(i)の方針と手続きは、ポリシー&プロシージャ(P&P)と呼ばれ、業務の継続性と信頼性に係るリスクを回避するための必須の要件となる。例えば、運営計画書、事務規程、情報セキュリティ規程、コンプライアンスマニュアル、個人情報取扱規程などのすべてが対象となる。筆者が米国でオーディット業務に携わっていた時に、米国人のインターナルオーディターが指摘する不備で最も多かったのが、このP&Pである。それだけ業務を営む組織体としての成熟度が十分でなかったということであろう。このP&Pは指導的コントロールに分類され、必ず可視化される必要がある。

(ii)の職責分離は、リスク管理上最も効果的な施策であり、実施と牽制機能の相反する行為や責任を同一人に持たせないことである。もし日本でこれが徹底されていれば、多くの企業不祥事や役職員の横領などは未然に防げたはずである。日本はどちらかというと性悪説というより性善説が幅をきかせ、残念ながらあとの祭りと呆れられるような不祥事が何度も繰り返されてきた。職責分離の例としては、リスク管理部門と営業部門、コンプライアンス部門と業務部門、与信推進部門と審査部門、経費の承認と支払部門、システム開発担当者と業務オペレータなどが代表的である。保証監査の往査では監査担当者は鋭い視線で、これらの危うい体制を注意深く、観察したい。

（図表1）内部統制の構成要素と原則

17の原則	原則の内容	着　眼　点
原則1（統制環境）	【誠実性と倫理観に対するコミットメントの表明】 組織は、誠実性と倫理観に対するコミットメントを表明する。	●誠実性と倫理観に関するトップの気風の設定 ●行動基準の確立と文書化 ●行動基準の遵守状況の評価 ●行動基準からの逸脱行為に対する適時な対応（識別と是正）
原則2（〃）	【監督責任の遂行】 取締役会は、経営者から独立していることを表明し、かつ、内部統制の整備および運用状況について、監督を行う。	●取締役会の監督責任の確立 ●取締役に必要とされる能力と専門知識の定期的な評価 ●取締役会の独立性の保持 ●取締役会の内部統制システムに対する監督責任
原則3（〃）	【組織構造、権限・責任の確立】 経営者は、取締役会の監督のもと、内部統制の目的を達成するに当たり、組織構造、報告経路および適切な権限と責任を確立する。	●組織構造の検討（業務単位、法人組織、地域単位、外部委託先等） ●報告経路の確立 ●権限と責任の明確化、付与および制限（取締役会、最高経営者、経営者、職員、外部委託先等）
原則4（〃）	【業務遂行能力に対するコミットメントの表明】 組織は、内部統制の目的に合わせて、有能な個人を惹きつけ、育成し、かつ維持することに対するコミットメントを表明する。	●方針・実務と期待される能力の確立 ●能力の定期的な評価と能力不足への対応 ●個人を惹きつけ、育成し、維持するための教育・研修 ●引継や代替計画等の後継計画と準備
原則5（〃）	【説明責任の履行】 組織は、内部統制の目的を達成するに当たり、内部統制に対する責任を個々人に持たせる。	●組織構造、権限および責任を通しての説明責任の履行 ●業績尺度、動機づけおよび報奨の制定 ●業績尺度、動機づけおよび報奨の継続的適合性の評価

17の原則	原則の内容	着　眼　点
		●目的達成に伴うプレッシャーの評価と調整 ●業績評価および個人に対する賞罰
原則6 （リスク評価）	【適合性のある目的の特定】 組織は、内部統制の目的に関連するリスクの識別と評価ができるように、十分な明確さを備えた内部統制の目的を明示する。	●業務目的 ●外部財務報告目的 ●外部非財務報告目的 ●内部報告目的 ●コンプライアンス目的
原則7 （〃）	【リスクの識別と分析】 組織は、自らの目的の達成に関連する事業体全体にわたるリスクを識別し、当該リスクの管理の仕方を決定するための基礎としてリスクを分析する。	●事業体、子会社、部門、業務単位、機能レベル別のリスク分析 ●リスク識別における内部要因と外部要因の分析 ●リスク評価への適切な階層の経営者の関与 ●識別したリスクの重大性の見積り・評価 ●リスクへの対応方法の決定
原則8 （〃）	【不正リスクの評価】 組織は、内部統制の目的の達成に対するリスク評価において、不正の可能性を検討する。	●不適切な報告、資産の喪失等さまざまな種類の不正行為の検討 ●“動機”とプレッシャーの検討 ●資産の未承認の取得・廃棄等不正を犯す“機会”の評価 ●不正行為を犯す者の“正当化”の可能性の検討
原則9 （〃）	【重大な変化の識別と分析】 組織は、内部統制システムに重大な影響を及ぼしうる変化を識別し、評価する。	●規制環境、経済環境等外部環境の変化に対する検討 ●M＆A、事業の海外展開等ビジネスモデルの変化への検討 ●経営者の更迭、姿勢・方針等リーダーシップの変化に対する検討

17の原則	原則の内容	着　眼　点
原則10（統制活動）	【統制活動の選択と整備】 組織は、内部統制の目的に対するリスクを許容可能な水準まで低減するのに役立つ統制活動を選択し、整備する。	●リスク評価とコントロールとの統合 ●事業体特有の環境、複雑性、業務等を勘案した統制活動 ●ビジネスプロセスに係る統制活動の検討 ●統制活動の種類の組合せの評価 ●適用されるさまざまな活動レベルでの検討 ●職務分掌への対応（職責分離）
原則11（〃）	【テクノロジーに関する全般的統制活動の選択と整備】 組織は、内部統制の目的の達成を支援するテクノロジーに関する全般的統制活動を選択し、整備する。	●ビジネスプロセス、自動化された統制活動とテクノロジー全般統制の依存関係の決定 ●テクノロジー基盤に係る統制活動の選択と整備 ●セキュリティ管理プロセスに係る統制活動の確立 ●関連性のあるテクノロジーの取得、開発および保守プロセスに掛る統制活動の確立
原則12（〃）	【方針と手続きを通じた展開】 組織は、期待されていることを明確にした方針および方針を実行するための手続きを通じて、統制活動を展開する。	●経営者の方針および関連する手続きを明確にする ●統制活動における行為責任と説明責任の所在の明確化 ●適時に統制活動を実行する ●識別された問題点に関し是正措置を講じる ●業務遂行能力を有する職員による統制活動の実行 ●方針および手続きの定期的なレビューと更新
原則13（情報と伝達）	【関連性のある情報の利用】 組織は、内部統制が維持することを支援する、関連性のある質の高い情報を、入手または作成して利用する。	●必要な情報を識別するプロセスの整備 ●内部および外部の情報源からのデータの捕捉 ●情報システムを利用した関連データの情報への加工

17の原則	原則の内容	着　眼　点
		●情報システムのデータ処理過程における品質の維持 ●情報の内容、品質および精度は目的達成を支援する
原則14（〃）	【組織内における情報伝達】 組織は、内部統制が機能することを支援するために必要な、内部統制の目的と内部統制に対する責任を含む情報を、組織内部に伝達する。	●組織の構成員がその職責を遂行するために必要な情報の伝達 ●経営者と取締役会との間の情報伝達 ●内部通報制度等独立した伝達経路の整備 ●伝達の時期、情報の受け手・性質に応じた伝達方法の選択
原則15（〃）	【組織外部との情報伝達】 組織は、内部統制が機能することに影響を及ぼす事項に関して、外部の関係者との間での情報伝達を行う。	●規制当局、消費者等外部の関係者への伝達プロセスの整備 ●外部からの情報伝達を可能にするプロセスの整備 ●外部情報の取締役会への伝達 ●通報制度等独立した伝達経路の整備 ●伝達の時期、情報の受け手・性質に応じた伝達方法の選択
原則16（モニタリング）	【日常的評価および／または独立的評価の実施】 組織は、内部統制の構成要素が存在し、機能していることを確かめるために、日常的評価および／または独立的評価を選択し、整備および運用する。	●日常的および独立的評価の組合せの検討 ●ビジネスおよびビジネスプロセスの変化の速度の検討 ●日常的および独立的評価の基準点の確立 ●評価者は評価のための十分な知識を有すること ●ビジネスのプロセスと融合した日常的評価の実施 ●リスクに応じた独立的評価の範囲と頻度の検討 ●独立的評価の定期的な実施

17の原則	原則の内容	着　眼　点
原則17（〃）	【不備の評価と伝達】 組織は、適時に内部統制の不備を評価し、必要に応じて、それを適時に上級経営者および取締役会を含む、是正措置を講じる責任を負う者に対して伝達する。	●経営者等による日常的評価および独立的評価の結果の評価 ●内部統制の不備の関係者への伝達 ●是正措置のモニタリングの実施

出所：日本内部統制研究学会新COSO研究会訳　COSO「内部統制の統合的フレームワーク―フレームワーク篇」（2013年）より

4. 〝情報と伝達〟の有効な要件

（必要な情報が識別、把握および処理され、組織内外および関係者相互に正しく伝えられることを確保する。）

(1)　組織内の階層間、組織横断的な報告、連絡経路が確立されているか。

(2)　経営へ有効な情報の提供と共有がなされ、マネジメント情報システム（ＭＩＳ）が整備されているか。ＭＩＳは特別なシステムの構築を指すのではなく、各部門で経営に報告する重要な情報が識別、規定され、そのとおりに実施されているかが重要となる。

(3)　通常の報告経路以外の内部通報制度や不正対策ホットラインは整備されているか。その際の通報者は公益通報者保護法に従い、厳密に保護されているか。

保証監査では経営への報告書の一覧や重要な会議体のリストを求め、開催実績などをレビューする。

5. "モニタリング"の種類と実施責任者

(1) 日常的監視活動として、部店長や業務管理責任者が日常業務のプロセスのなかで実施する検証行為や予防行為を指す。店内検査やCSA（統制自己評価）はこの範疇に入る。

保証監査では、脆弱な日常的監視活動が不備事項の原因となるケースが多い。

(2) 独立的な監視活動は、内部監査部門が主体となる。ここでは内部監査部門の独立性の確保に留意したい。

(3) 上記で明らかとなった内部統制上の問題点に適切に対処するため、当該問題の程度に応じて最高経営責任者や取締役会等に、情報を報告する仕組みを整備する。

内部統制は会社や部門単位に存在する。監査担当者は以上の5つの構成要素を常に念頭におき、往査で見聞きした事実の問題点や不備の状況が、どの構成要素に関連した事象かを整理する。そうすることによって、監査対象部門の体制上の脆弱箇所が自ずと見えてくる。

「内部統制の見方・活かし方」の説明に大きな紙幅を割いたが、内部統制の知識は監査担当者の監査目線を高め、実施する監査の品質に大きな影響を与えることを、ご理解いただきたい。

第7項 指摘事項の候補・内部統制の8つの脆弱性

内部統制は、経営目標を達成するために社内に整備・運用されるプロセスといわれる。その内部統制の脆弱性は、なにも業務処理や事務手続きの漏れや誤りだけではない。多様な不備の要因がさまざまな形態と局面で、経営目標の達成を妨げる。また、内部統制の脆弱性は、業務活動の残存リスクを最小限とするための体制が不十分であり有効に機能していない状況をも示す。それだけに、監査担当者は保証監査を行う際、管理態勢の有効性の評価について多面的な評価軸を持つことが求められる。

では、その多面的な評価軸とはどのようなものであろうか。一般に、内部統制の不備の状況は次の8つに分類される。図表2をご覧いただきたい。①不正行為と②違法行為のコンプライアンス関係、③誤謬のオペレーショナルリスク。さらに、業務の有効性・効率性に関連する④非有効性、⑤浪費、⑥非効率性、そして内部統制の欠陥に分類される職責分離の不徹底に起因する⑦利害関係、⑧コントロールの弱点である。これらが往査で検出された場合に、不備として指摘される。順に説明することにしよう。

「不正行為」とは、会社の方針や規程・手続き等への違反や信義誠実に反する行為を指し、「違法行為」はさらに不備度合いが重く、法律や業法、社会的規範への違反行為を指す。いずれもコンプライアンス違反の対象となり、違反者やそのような職場環境の管理責任者に対する会社の厳しい対応が必要になる。往査でこれらの状況が検出された場合、監査担当者は不正行為、違法行為が発生するに至った体制面を、さまざまな角度から注意深く分析し精査したうえで、その有効性の程度を評価する。

業務監査で最も多い指摘が、オペレーショナルリスクの「誤謬」である。これには業務手続きの誤りや未承認の例外取引、重大なミスなどが含まれる。誤謬は、往査期間中に比

（図表2）内部統制の不備の状況

分類	脆弱性の種類	内容
コンプライアンス関係	1. 不正行為	会社の方針や規程、規則、ルール等への違反、信義誠実に反する行為
	2 違法行為	法律、業法、社会的規範等への違反行為
オペレーショナルリスク	3. 誤謬	誤り、重大なミス、未承認の例外処理等
業務の有効性・効率性	4. 非有効性	事業活動や業務の目標が達成される程度や統制の整備・運用状況の充足度が低い。
	5 浪費	資源の利用に“ムリ・ムダ・ムラ”のある状況
	6 非効率性	時間、人員、コスト等組織内外の資源が合理的に活用されていない状況
内部統制の欠陥	7. 利害関係	不正等の発生の機会を摘む“職責分離”が徹底されていない業務環境
	8. コントロールの弱点	内部統制が不十分で残存リスクが懸念される状況

較的発見しやすく、証憑も明らかな場合が多い。しかし、それを検出したからといって、即指摘だけですますわけにはいかない。監査担当者は、なぜ誤りや重大なミスが責任者によって日常業務のなかで適時にモニタリングされなかったのか、日頃の監視活動の実態を究明する必要がある。

「非有効性」とは、事業活動や業務の目標が達成される程度や統制の整備・運用状況の充足度が低い状態を表す。そのため、残存リスクが十分に許容の範囲内に軽減されていないことを意味する。「浪費」は、資源の利用に〝ムリ・ムダ・ムラ〟がある状況を示し、観察や視察の監査技術で検出されやすい。これらが業務責任者や担当者に日常的に無視されたり放置された場合、時間的なズレはあるにせよ業務目標の達成を損なう原因となる。次の「非効率性」は、時間、人員、コストなど組織内外の資源が合理的に活用されていない状況を示す。これら業務の有効性・効率性の関連事項に対して、監査担当者は、なぜ浪費や非効率等が放置されてきたのか、管理責任者に問題の認識がないのか、あるいは問題を提起する機会がないのか、などを往査期間内で検討する。

「利害関係」は、不正等の発生の機会を摘む〝職責分離〟が徹底されていない業務環境の存在であり、代表的なものに、(1)起票と承認、(2)購買と支払、(3)開発と運用などがある。会社資金の横領などの不正は、取扱実施者と牽制機能を分けることで多くの場合、未然に防止することが可能となる。「コントロールの弱点」は内部統制が不十分で残存リスクが懸念される状況を示す。これらの2点は統制の欠陥としては、かなり重要性の高い指摘とされる。

これらの内部統制の実態が検出され、指摘事項として監査報告書に記載される場合、日本企業の監査報告書と海外企業のそれでは、表現方法がかなり異なる。双方で監査経験のある筆者にとって、それは興味深い違いである。日本企業の監査部門の場合、どのような管理体制であろうと、監査担当者の指摘は監査報告書で、内部統制の〝不備事項〟や〝指摘事項〟と表現される。そのまま英語に訳すと、"findings"や"issues"となる。しかし海外の場合、これらのワードをそのまま監査報告書に使うことは稀である。すなわち、監査報告書で指摘の詳細を記載する場合、ほとんどのケースで指摘の内容を示す英単語を用いる。例えば、不正行為は、"fraud"であり、違法行為は、"violation"となる。誤謬は、"error"や"exception"、非有効性は、"ineffective"。浪費は、"waste"であり、非効率性は、"inefficient"となり、利害関係は、"lack of segregation of duties"、コントロールの弱点は、"deficiency"となる。つまり、一般的な指摘事項や不備事項という言葉の代わりに、それらの状況の内容を示す用語を使用して説明しなくてはならない。そういうことから海外の場合は、往査期間中常にこの脆弱性の8つの分類を念頭に置いて、業務の実態がどのような状況にあるかを意識したうえで、その段階で指摘の属性を決めてしまう。日本の場合、語弊を恐れずにいえば、とりあえず指摘するか否かを往査で判定し、指摘事項とする。監査担当者は自らの評価軸に多面性を持たせることによって、内部統制をより成熟度の高い状態に導くことが可能となるのである。

第8項 実務に役立つ内部監査の必読書

令和の今日、書店やインターネットには内部監査を紹介する書物が並び、内部監査に携わるものにとっては恵まれた時代となった。逆に、どれを選べば良いのか悩みが増したともいえる。会社の先輩や内部監査の友人に薦めてもらうも良し、自ら書店で一冊ずつ手にするのも良い。しかし、内部監査を学ぶには、内部監査業務の関連図書の原典に当たるのが一番の近道である。これらを読まずして、内部監査の本流は理解できない。ここでは原典を含め、いくつか実務的な参考図書を紹介したい。

内部監査の業界には、グローバルレベルのバイブルが存在する。米国ＩＩＡ（内部監査人協会）が発行する内部監査の「専門職的実施の国際フレームワーク」（"International Professional Practices Framework"）（57頁の参考図書1）がそれである。略すと「ＩＰＰＦ」の本書は、赤い表紙なので世界の内部監査人の間では、「レッドブック」と呼ばれている。この教本は、欧米およびアジア各国で活躍するプロの内部監査人（インターナルオーディター）が愛用する書籍である。内部監査はこの原典から始まったといっても、過言ではない。ただし、ひとつ注意する点がある。レッドブックは、内部監査で何をすべきか、その内容をすべからく網羅しているが、具体的にどのように実施（How to do）するかは記載されていない。読者である内部監査人自身が自社の業種や事業規模等に照らして、このバイブルの内容をどう適用していくかが腕の見せどころとなる。何事も自らの頭で考えることなく使える万能バイブルなどはないのである。

レッドブックは、内部監査をこう定義する。

「内部監査は、組織体の運営に関し価値を付加し、また改善するために行われる、独立にして、客観的な保証およびコンサルティング活動である。内部監査は、組織体の目標の達成に役に立つことにある。このためにリスクマネジメント、コントロールおよびガバナンスの各プロセスの有効性の評価、改善を、内部監査の専門職として規律ある姿勢で体系的な手法をもって行う。」

「客観的な保証」とは原語で“Assurance activities”といい、内部管理態勢の有効性、効率性を定期的に検証、評価、報告、改善する一連の内部監査活動を指す。一方、「コンサルティング活動」“Consulting activities”とは、サービスの内容と適用範囲を事前に対象部門と合意したうえで提供する監査活動をいう。具体的なサービス形態として、相談(counsel)、助言(advice)、促進(facilitation)、教育・訓練(training)などがある。評価の対象である「リスクマネジメント、コントロールおよびガバナンス」は内部統制の内容を指している。

この定義を自社の内部監査規程にそのまま引用する会社は多い。しかし、これは要注意だ。保証活動は通常の監査業務で問題ないが、コンサルティング活動を恒常的に実施するには十分な態勢の整備が必要となる。会社の規模や業態、内部監査体制をよく検討したうえで、実施する範囲を決めるのが効果的なやり方だ。レッドブックは、リスクアプローチの内部監査プロセスを丁寧に体系的に解説しているので、内部監査業務を始める者はまずこの教本から入るべきだ。邦訳もだいぶこなれてきたので、読みやすくなっている。しかし、もし英語に抵抗がなければ、ぜひとも英語の原書を読むことをお勧めしたい。専門用語（terminology）の解説（glossary）もついているので、最初は戸惑う専門用語も読み進むうちにすぐに慣れる。内部監査の正道を身につけよう。

次に読まなくてはならないのは、内部統制のバイブルである。内部監査は内部統制の有効性を評価する。内部統制に関する知識を持たずに内部監査を実施することは、山を知らずしてエベレストに挑戦するようなものである。そのバイブルは、日本公認会計士協会が発行する２０１３年ＣＯＳＯ公表の改訂版「内部統制の統合的フレームワーク」（"Internal Control-Integrated Framework"）（参考図書2）である。本書はフレームワーク編、ツール篇、外部財務報告篇の3部で構成されているが、最初のフレームワーク篇で内部統制の骨格や要素が詳しく述べられている。同篇は内部監査を志す者にとっては必読の書物である。しかし、第6項で述べたように、内部統制の基本を知るうえではこの改訂版より、92年発行の初版のほうがわかりやすい。

そこで、初版の翻訳本も紹介しておく。白桃書房発行の「内部統制の統合的枠組み―理論篇、ツール篇」（参考図書3）である。J-SOXで一躍有名となったこの本は内部統制を詳細に解説している。訳本は学術的な表現で記述されており、格調は高いが読みづらい部分もある。原書の英語は表現も素直で大変読みやすく、できれば原書に挑戦していただきたい。

最後は、レッドブックを実務的に解説した書物で日本内部監査協会発行の「ソイヤーの

（参考図書1）

日本内部監査協会

（参考図書2）

日本公認会計士協会

（参考図書3）

白桃書房

白桃書房

（参考図書4）

日本内部監査協会

内部監査（現代内部監査の実践）」（"Sawyer's Internal Auditing"）（参考図書4）。これは4分冊からなり、内部監査の進め方が例示を含め詳細に解説されている。ボリュームが相当あり、個人で購読するより内部監査部門の蔵書とするタイプの書籍である。

ここまで読み進むと、内部監査に関する基本的な知識、応用技術は十分蓄えることができる。内部監査業務に必要な知識を十分に蓄えた後は、監査実務を効果的に積み、実践で知見を活かすだけである。読者のみなさんには是非とも専門性を身につけ、品質の高い内部監査人を目指し王道を歩んでいただきたい。

第9項　体系的な研修制度は監査品質向上にとっての必須要件

内部監査は〝人〟が実施するものである。その〝人〟への体系的かつ計画的な投資をしない限り、良い内部監査など望むべくもない。監査部長は教育・研修制度の整備を後回しにせず、将来を見据えて初めに取り組むべき重要課題と認識する必要がある。平成、令和と時代が変わり、中間管理職（ミドルマネジメント）の衰退とともに日本企業の発展を支えた彼らの新人への知識、技能やノウハウの重要な伝承ルートであったＯＪＴはすっかり影を潜め、ひたすら成果主義ばかりが強調されるようになった。厚労省の能力開発基本調査によると、企業の社員１人当たりの教育訓練費は２０１８年時点で年間１万４０００円足らずと、07年と比べ約４割削減された。特に、リーマンショック以降の長期にわたる景気低迷のなか、企業の人材育成や能力開発への関心、投資が格段に減少したように思われる。

日本銀行の調査によると、金融機関の内部監査部門の職員の平均在籍期間は37・４カ月なのだそうだ。また、日本内部監査協会の「第19回監査白書」（２０１７年）によると在籍期間３～５年が38・３％と最も多いが、５－10年も次位の34・２％とあり、前回調査（２０１４年）の22・９％に比べ大幅に伸びている。筆者が内部監査のプロ活動に入った02年当時に比べて、内部監査人の在籍期間の長期化には隔世の感がある。そして内部監査部門全体の品質と専門性の向上は、個々の監査担当者の努力というより、組織として内部監査部門の人材育成に取り組む緻密な戦略の賜物であろう。

内部監査人の教育・研修プログラムには４つの段階がある。まずオリエンテーションを始めとする内部監査部門主催の基礎研修、次に自己研鑽、三番目が職場内研修（OJT）、最後に社外セミナー等の集合研修である。これらをバランスよく体系的に制度設計し、3年程の在籍期間に計画かつ継続的にレベルアップを図る必要がある。順に説明しよう。

1．基礎研修としてのオリエンテーション

内部監査部門に異動後可能であれば1週間、遅くとも1カ月以内に行う。内容は、①監査部門の組織・体制や運営計画の説明、②内部監査規程や内部監査実施要領、③個別業務監査の監査プロセスの概要、④監査部門の独立性・客観性、⑤監査関連書式の種類と作成、⑥見習い期間の設定などである。基礎研修の担当者は事前にオリエンテーションのアジェンダと具体的なプログラムを準備する。

2．自己研鑽

部内研修等で与えられるばかりでなく、監査担当者として自己啓発を進めるのは、世界共通の常識である。IIAの「専門職的実施の国際フレームワーク」（IPPF）や内部統制の解説書等の精読、監査の専門領域の拡大、CIA等監査専門資格へのチャレンジなどを推奨する。

3. 職場内研修（ＯＪＴ）

①定期的な勉強会の実施、②メンター（監査指導員）制度の導入、③新人を孤立させない監査チームの組成、④監査ローテーションの実施などを計画的に行う。

4. 集合研修

監査理論や監査技術、内部統制、ファシリテーションなど費用対効果を勘案し、効果的に研修予算を配分する。やみくもに外部研修に参加させても効果は薄く、時間とカネのムダとなる。外部研修の成果を生むにはいくつかの重要なステップがある。

(1) 監査担当者別に強化すべき監査理論や技術、監査業務分野の目標を定める。

(2) これら個々の担当者の目標を内部監査部門全体の年間の教育・研修計画に織り込み、年度の研修予算を効果的に配分する。

(3) 情報共有を前提として、同じ研修への複数の部員の派遣は原則として行わない。

(4) 参加後に必ず外部研修報告書を作成させ、参加者を講師として研修資料や報告書をもとに部内勉強会を開催する。

(5) 受領した研修資料は部内でマスターファイルを作成し全員に回覧後、共有ファイルに保管する。いつでもだれでも閲覧、参照できるようにしておく。研修資料を私有物でなく内部監査部門の共有財産とする。

これらを着実に実施する企業は意外なほど少ないのが現状である。コスト削減の経営環境下では、十分な教育・研修費を確保することはむずかしい。限られた予算で最善の効果を期待するには、体系的な研修制度の確立が不可欠である。計画的な教育・研修が施されてはじめて、企業目標を達成するための内部統制の向上、改善に資する完成度の高い内部監査が可能となる。最後に、これらの教育・研修制度が内部監査部門の〝品質評価〟に大きな影響を与えることを忘れてはいけない。内部監査部門の外部の品質評価の項目に、監査担当者の専門性や教育・研修制度と実績が含まれる。年度別の教育や研修の実績の記録は都度必ず作成し、保管することは監査の品質に直結することから、監査部長は研修制度の構築に強い責任を持たねばならない。

第10項

内部監査の専門性とは動態的な知見

「内部監査の専門性とはなんですか?」筆者が内部監査部長や経営陣からよく聞かれる質問だ。今から20年程前の02年当時は「海外のプロの内部監査人(インターナルオーディター)と対等に内部監査の話ができることです」と、答えていた。内部監査の役割どころかその存在すら日本の社会では認知されていなかった時代のことである。漠然とした返事だったが、自分の印象では一番正直で真実に近い答えだと自負していた。IIA(内部監査人協会)が認定する内部監査人の専門資格であるCIAを保有することか?いやそれも違う。なぜなら、CIAの保有者でも実際の監査業務で実力の伴わない者をずいぶんみてきた。では、毎回不備事項を多く指摘する者が専門性は高いのか?これも不十分だ。指摘でも例えば「重箱の隅つつき」や「もぐら叩き」、英語でいえばゴミや汚れの掃除を意味する“House Keeping”の指摘を何件出そうが、内部統制やリスク管理体制が真に改善されることはない。

もう一つよく聞かれる質問がある。「内部監査で最も専門性が要求されるのはだれですか?」これは自明である。答えは内部監査部長だ。海外と異なり、日本の場合はローテーションで内部監査部長の職につくケースが多いこともあり、残念ながら、ここが最大の課題といっても過言ではない。いくら専門性の高い優秀なスタッフがいても、内部監査部長に人材を最大限に活用できるマネジメント力がなければ、宝の持ち腐れとなる。そのような会社をこれまで多くみてきた筆者の〝格言〟に「内部監査部長の器以上に監査部は大きくならず、その専門性以上に深みは増さない」というのがある。

ひるがえって、内部監査部門の専門性を高め、活性化させるには、内部監査部長に専門家を配置することが一番の早道である。

内部監査は、社内に整備された内部統制の有効性を評価することから内部統制に関する知識も不可欠となる。内部監査に求められる専門性は、内部統制を含めた広範囲なものとなるであろう。あらためて手元の辞書を引くと、〝専門性〟とは、「特定の分野(ここでは内部監査)における高度な知識や熟練された経験を指す」という意味のことが書いてある。とすると、専門的な資格の保有や業務監査での指摘などの静態的な状況ではなく、総合力としての動態的な知見を指すと理解すると良さそうだ。では、動態的な知見とはどのような内容か具体的に考えてみよう。

●ＣＯＳＯやＥＲＭ等の内部統制の概念を理解している。
●リスクの定義、対応方法、業種別リスク管理体制に精通している。
●コントロールの定義、種類、設定条件を把握している。
●リスクアプローチを理解し、業務監査で実践できる。
●業務監査の監督業務（Supervision）を担うことができる。
●内部統制の自己評価（ＣＳＡ）を推進することができる。
●Ｊ-ＳＯＸで求められる業務プロセスの有効性評価ができる。
●不正の兆候に精通し、不正対策を提案できる。
●コンプライアンス委員会等専門委員会の有効性評価の監査が実施できる。
●個別監査終了後の〝内部〟の品質評価が可能である。
●ＦＩＳＣ等の情報システム監査の実施基準を理解し、監査ができる。
●海外の関連会社の監査を現地の内部監査人（インターナルオーディター）と協働でき

る。

- 内部監査の専門用語に精通している。
- 内部監査の専門的な資格を持っている。

これらがすべてではないが、内部監査の専門性の奥行は深く、研鑽を要する領域はビジネスの発展とともにさらに増してきた。卑近な例では、今日インターネットを経由したeビジネスが当たり前の世界となっているが、法体系の未整備もありこの分野におけるさまざまなリスクが顕在化している。内部監査部門は、電子商取引の実態や固有のリスクの内容、インターネットセキュリティに関する知識を蓄えることが必要となる。また、社内の人事管理では、職員の半分近くを非正規社員が占め、業種によっては未成年や外国人労働者もいる。パワハラ、セクハラ等のハラスメントの顕現化やダイバーシティの促進、LGBTへの対応など環境変化が起こり、複雑化している。監査担当者の目線は常に時代の変化に遅れることなく、同期を取ることが求められている。

このように内部監査の専門性の確保は、経営に資する品質の高い監査活動を実施するうえで必須の要件となる。また、専門性は時代の趨勢に左右されない、息の長い武器となり自身の市場価値を高める。そのために内部監査に従事する者は、時宜にかなった投資を惜しまず、知見の幅を広げる努力を怠ってはならない。

起の章

品質を追求する計画の策定とリスクアプローチ

第11項

年度監査計画の網羅性と品質の中核

IIA（内部監査人協会）の「専門職的実施の国際フレームワーク」（IPPF）では、年度監査計画について、「内部監査部門長は、組織体のゴールと調和するように、内部監査部門の業務の優先順位を決定するために、リスクベースの監査の計画を策定しなければならない。」と定義する。また、「内部監査部門長は、重要な中途の変更を含め、内部監査部門の計画および必要な監査資源について、最高経営者および取締役会に伝達し、レビューと承認を受けなければならない。」とされる。このように、年度監査計画の立案に当たっては、1.リスク評価と2.内部監査の資源計画の項目は、必須のステップとされる。そして、毎年期初に行うリスク評価では、監査対象をすべて棚卸し、列挙する必要がある。仮にそこで監査対象に漏れがあると、リスクを網羅的かつ正確に把握していないとの内部監査部門にとって致命的な評価が下されてしまう。内部監査部長は特にこの点に留意する。

ひとつ注意点がある。よく「網羅性」と聞くと、すべての監査対象を毎年必ず監査しなければならない、と勘違いをする内部監査部長や役員がいる。網羅性は、計画の段階で監査対象をリストアップする際に必要とされる要件であり、保証監査はその後のリスク評価の手続きを通じて、監査対象の優先順位をつけたうえで実施する。この勘違いは、監査計画のプロセスを理解していないために起こる。

では、監査対象を網羅するにはどうしたらよいか。いろいろな方法があるが、図表3に監査対象の網羅方法を6種類あげる。

①組織別
②商品・業務別
③テーマ別
④情報システム別
⑤勘定科目別－J-SOX
⑥各種委員会別

それぞれの具体的な監査対象部門は図示するとおりである。このなかで、最も採用され

（図表3）年度監査計画において監査対象を網羅する方法

網羅する方法	具体的な監査対象	監査領域
① 組織別	※社内組織図をもとに、監査対象をすべて把握する。 例）本社各部門、営業店舗、モール、関係会社・子会社等	リスクマネジメント コントロール
② 商品・業務別	※取扱商品や業務の種類で分類する。 例）食品、電化製品、エンターテイメント、書籍、金融商品等	コントロール
③ テーマ別	※組織に重要な個別テーマを選択し、組織横断的に監査。 例）反社会的勢力、個人情報、商品品質、労働環境、安全等	リスクマネジメント
④ 情報システム別	※社内の導入システムを監査対象とする。 例）勘定系、情報系、POS、EUC、コンピュータセンタ等	リスクマネジメント コントロール
⑤ 勘定科目別 －J-SOX	※財務報告に係るリスクの整備・運用状況の評価。 例）売上・売掛金・棚卸資産等、勘定科目・取引ごとのリスクコントロールマトリクス（RCM）	コントロールリスクマネジメント
⑥ 各種委員会別	※社内の重要な意思決定委員会の有効性を評価する。 例）リスク管理委員会、コンプライアンス委員会、危機管理委員会、顧客サービス向上委員会等	ガバナンス

ているのは、①の組織別である。さすがに組織図のない会社は少ないだろうが、これで国内外の全部門を漏れなく把握できるはずである。図表の右端に監査領域の情報を記載しているが、これは内部監査の定義にある「リスクマネジメント、コントロールおよびガバナンスの各プロセスの有効性の評価・改善を、内部監査の専門職として（中略）行う。」の3つの監査領域を、網羅方法の種類別に示したものだ。特にガバナンス領域の⑥各種委員会活動、つまり重要な方針や戦略を決める意思決定委員会の監査は重要であるにもかかわらず、監査対象として失念する内部監査部長が多いので留意したい。これで監査領域を意識しつつ、監査対象を網羅することが可能となる。ちなみに、上記①～⑥のすべてをそれぞれ個別に把握する必要はなく、当然重複は避けてよい。一般的には、①の組織別と④の情報システム別を中心に、③と⑥を組み合わせるパターンが多い。

監査の対象がすべて網羅された次のステップが、リスク評価である。リスク評価の目的は、総合リスクに基づき監査対象の優先順位を決めることである。優先順位は、すべての内部統制を対象とし、監査対象共通のリスク評価項目を設定し、監査対象先ごとに評価を行い、総合リスクを算出する。当然ながら、総合リスクが大きいほど優先度は高い。

評価項目は、業種、事業規模、会社の特性等を勘案し、内部監査部門が独自に考案したものでよく、定量項目や定性項目を適宜組み合わせて設定する。評価項目は本部各部門、営業拠点、情報システムなど評価対象の特性をよく分析し、決めるとよい。図表4に、（A）本部部門と（B）営業拠点のリスク評価項目の例をあげたので、参考にしていただきたい。前者は、ビジネスリスクとコントロールリスクに分類し、それぞれ6項目と7項目の計13項目、後者の営業拠点向けは、評価項目を〝定性〟と〝定量〟に分類した事例である。リスク評価の項目数が多いと、評価作業に過大な負荷がかかるので、5～15程度が適当である。

情報システムのリスク評価は少し複雑である。社内各部で利用される情報システムのすべてを事前に掌握し、情報システム固有の評価項目でリスク評価を実施する。評価対象をどのように分類したらよいか。たとえば、a．フロント、ミドル、バックオフィスなどの業務プロセス単位、b．勘定系、業務処理系、会計系などの業務別、c．サービスを利用する営業店や営業本部などのユーザ部で分類、d．情報システムの企画・開発・運用・保守などシステムのライフサイクル（SDLC）で識別するなどさまざまだ。一般的にはユーザ部の組織別に、使用する情報システムに的を絞るやり方が多い。情報システムがそれぞれの組織にどのように組み込まれているかで、採用する方法も絞られてくるが、一面

（図表4）年度監査計画のためのリスク評価項目

（A）本部部門監査のリスク評価項目例

ビジネスリスクの評価項目
1. 配賦資本量
2. 業務純益
3. 市場感応度
4. 評判リスク
5. 法務・当局リスク
6. 商品・業務の新しさ／複雑性

コントロールリスクの評価項目
1. マニュアルの整備・重要性
2. 管理者の継続性と専門性
3. 組織構造の適切性と責任体制の明確性
4. 経営情報システム（ＭＩＳ）の妥当性
5. 前回監査の結果と経過期間
6. 導入システムの規模と特性
7. システムへの依存度

（B）営業拠点監査のリスク評価項目例

定性項目（順不同）
1. マニュアルの整備状況
2. 不祥事故等不正発生の有無
3. 顧客保護管理上の問題点の有無（顧客への説明、苦情等顧客サポート）
4. 管理者の専門性・継続性
5. 市場環境の変化
6. 情報システムの規模と特性
7. 1年以内に導入された新システムの有無
8. 前回監査の結果と経過期間

定量項目（順不同）
1. 総資産または売上、売掛金等営業拠点の規模
2. 前年度の平均取扱量
3. 業務純益等の収益力
4. 本部報告された取扱ミスや顧客苦情処理発生件数
5. 前年度の不祥事故等の実質損失額
6. 前年度の人員の増減変化率

的な方法では困難であろう。

年度監査計画の策定においても、監査の品質は求められる。内部監査部長は品質の要点をよく理解し、計画を策定しなければならない。品質の重要なポイント、およびその理由は次のとおりである。

(1) 年度監査計画を策定するためのリスク評価モデルの有無、およびその概要マニュアル（説明書）の整備状況

理由 監査部長の経験則や恣意的な監査計画は、説得力に欠けることが多い。

(2) 当該年度の実施されたリスク評価の結果リスト、およびリスク評価項目ごとの評価関連資料の整備状況

理由 リスク評価の結果と監査計画で示される監査対象先が整合しない場合、選定根拠が乏しい、と判定される。

(3) 当該年度の監査業務に要する人的資源の算定根拠の資料

理由 算定プロセスがない場合、監査の実行性が最高経営者と取締役会等に担保できない。監査は「結果よければすべて良し」の世界とは異なる。

(4) 当該年度の年度監査計画の妥当性、および最長監査頻度に応じた数年分の監査計画書の作成

理由 上記(2)および(3)の根拠のない年度監査計画は、完成度が著しく劣る。また、次年および翌々年（監査頻度の最長が3年の場合）の監査計画書が作成されない場合、当該年度の計画の正当性が低下する。

(5) 最高経営者および取締役会による当該年度の年度監査計画書の承認

理由 未承認の監査計画は、期中の監査遂行の段階で、予期せぬトラブルが発生するリスクをはらむ。

(6) 当該年度の年度監査計画の実績報告書（四半期、半期報告等）

理由 年度監査実績のタイムリーな報告が遅れると、最高経営者や取締役会が会社の重要なリスクを看過する危険性が高まる。

年度監査計画は、リスクアプローチ監査の一丁目一番地である。この策定プロセスに瑕疵があると内部監査部門のアカウンタビリティは極端に損なわれることとなる。網羅性をふまえたリスク評価モデル、そして策定プロセス自体の品質の要件を内部監査部長は自ら

の責任のもと、確かなものとすべきである。さらに、内部監査部門の計画は、経営計画との連動性が求められる。そのために、最高経営者や取締役会、監査役等との意見交換、またリスク所管部、コンプライアンス部門等基幹本部からの情報収集なども監査計画を高度化させる技となる。

第12項 リソースマネジメントは監査の実行性を担保する

リソースマネジメントに関連した内部監査部門の計画の策定に関し、ＩＩＡのＩＰＰＦ実施基準はこう記載されている。「内部監査部門長は、組織体のゴールと調和するように、内部監査部門の業務の優先順位を決定するために、リスクベースの監査の計画を策定しなければならない」（実施基準２０１０）。また計画の実施については、「内部監査部門長は、内部監査の資源が、承認された計画を達成するのに、適切かつ十分であり、有効に配備されていることを確実にしなければならない」（同２０３０）とある。ここで注目したいのは、内部監査の資源（リソース）についてである。

海外に比べ、日本の内部監査部門では監査資源の管理が徹底されていない印象を受ける。年度監査計画の策定では、初めに監査対象の把握に基づき、監査の優先順位をつけるためにリスク評価を実施する。ここまでは多くの内部監査部門が実施しているが、問題は次の監査資源の算定である。これはリスク評価で優先順位がつけられた監査対象のうち、年間に監査可能な監査資源（人員）を算出し、監査頻度を決める作業である。通常、内部監査部門の人員によって1年間に実施可能な保証監査の数は決まる。例えば、内部監査部門の人員が2名と10名では条件が同じであれば、年間の監査件数は単純に5倍の差が生まれる。さらに、1業務監査当たりの所要日数（英語で"man-days"）によって、最終的に実施される保証監査の件数が決定されることになる。

このように監査計画の策定において、監査資源を算定し監査の実行性を担保するのは、内部監査のプロの世界では当たり前のプロセスである。この監査資源の計画、管理をリソースマネジメントという。ここでは、監査計画立案時の監査資源の算定方法について、「年度監査計画」と「個別監査」に分けて説明する。

年間の直間比率は8：2を基準とせよ

まず、内部監査部門全体の年間の監査資源を日数で把握する。1年は52週あり、監査部員数を乗じた内部監査部門全体の延べ日数を算出する。そこから国民の祝日や病欠等を含む休暇を減じ、実際の勤務日数を計算する。これで、内部監査部門全体の分母の実働日数が決まる。

さて、肝心なのはこれからである。この全体の人的資源を「直接時間」と「間接時間」とに分ける。直接時間とは通常の保証監査に携わる総合時間をいい、間接時間は監査以外の運営管理や部内研修、監査役や外部監査人との報告や打合せなどの合計時間を指す。直接時間と間接時間の直間比率をどうするかについては、勤勉な内部監査部長ほど、できるだけ直接時間を増やしたいと考える傾向がある。しかし保証監査の品質や監査担当者の専門性の強化のためには、それなりの間接時間も必要となる。そこで、両者の直間比率を、〝8：2〟を基準とする。もちろん監査資源の効率化を図り、直接時間の生産性を高めることも必要となる。

具体的な数字で示すとわかりやすいので、図表5を見ていただきたい。

（図表5）年度監査計画のための監査資源の算定方法

（1）202X年度における監査資源の算定

内部監査部門の人員		5人	（監査部長、監査担当者）
年間実働日数	①	1,300人日	（5日×52週×5人）
監査業務以外の所要日数			
内訳：国民の祝日（平日）		80人日	（16日×5人）
一般休暇		75 〃	（15日×5人）
連続休暇		25 〃	（ 5日×5人）
小計	②	180人日	
監査可能日数	③	1,120人日	（①−②）

（2）監査資源の配分計画

202X年度の年度監査計画				
（直接時間）	**80%**	：	**20%**	（間接時間）
● 直接時間	③×0.8＝	896人日		
● 間接時間	③×0.2＝	224 〃		
平均監査所要日数（昨年度実績）		40人日		
年間監査可能件数		22部門		

この例では、監査部員は部長を含め5名とする。1年52週で、監査部員全体の勤務日数は1300人日となる。ここから国民の祝日や年間に取得する平均休暇日数を減ずると、監査可能日数は1120人日。そこで、この監査可能日数を直接時間に8割、間接時間を2割の〝8：2〟とする。具体的に計算すると、直接時間は896人日で間接時間が224人日となる。昨年度の平均監査所要日数は40人日、つまり凹凸があるにせよ、平均2人で延べ20日間の監査を実施した場合、年間の監査可能件数は22本部／営業店となる。これが年間の最大の監査件数となる。もし、間接時間を極力圧縮し、部長を含め全員で監査業務に集中する運営方針とするなら〝9：1〟の比率も良い。

賢明な読者はおわかりになると思うが、監査件数を増やす方法は2通りある。直間比率を変えるか、あるいは1監査当たりの平均所要日数を短縮するかである。もし平均所要監査日数を変更する場合は監査のプロセス自体を見直すことが必要かもしれない。

監査計画をさらに精緻な運用を行う場合、この直接時間を監査種類ごとに振り分ける方策がある。図表6は、監査種類ごとの監査資源の配分の例を示したものである。業務監査とコンプライアンス監査をあわせて全体の資源の50％で11部門の監査を行う。情報システム監査に15％、J-SOXにおける内部統制の有効性評価作業に20％を配分する。テーマ

（図表6）年度監査計画のための監査資源の配分

（3）監査種類別の資源配分の例

- 年間の直接時間の総計　896人日
- 年間監査可能件数　22部門
- 直接時間の配分例

業務監査	…	35%	（313人日）
コンプライアンス監査	…	15%	（134人日）
テーマ別監査	…	5%	（45人日）
特別監査他	…	5%	（45人日）
情報システム監査	…	15%	（134人日）
J-SOX有効性評価	…	20%	（180人日）
フォローアップ監査	…	5%	（45人日）
	計	100%	（896人日）

別監査と特別監査のほか、フォローアップ監査にそれぞれ5％に割り当てた事例だ。特別監査他の45人日に内部監査部長手持ちのバッファーを用意しておくとよい。

最後に、参考までに年度監査計画に関し、今でも印象に残る筆者の経験を紹介する。海外に現地法人を持つ親会社の企業にコンサルティングに入ったときの話である。期初に参考資料として海外現法の当該年度の年度監査計画の調書を見せてもらった。コンサルタントの習性で年度監査計画の作成プロセスをレビューしたところ、リスク評価での監査対象の優先付けはしっかりなされ、その実行性を示す監査資源の算定を検証した。直間比率や監査可能日数、1監査当たりの所要日数が計算されており、年間監査計画策定のレベルは高い。試しに、年度監査計画の月ごとの監査件数と所要日数の整合性を分析したところ、初めの2カ月は妥当だが、3カ月目以降の月は明らかに計画と監査資源の整合性が取れておらず、実行性が担保されていなかった。本社の監査部門は子会社の年度監査計画を提出はさせていたが、計画と資源の整合性の分析まではだれもしていなかった。親会社として、子会社の監査計画の最低限のレビューは必須である。

リスクアプローチ監査の導入とともに、監査資源の管理は内部監査部長の重要な責務である。年度監査計画のプロセスでは監査資源を確実に算定し、計画の実行性を保証しなくてはならない。社内でのリスクの高い領域に十分な監査資源を投与するためにも、リソースマネジメントは重要視したい。

個別監査では、〝4：2：4〟の資源配分を目標とせよ

個別監査の資源計画は、保証監査に費やす総時間を3つのステージに配分する。最初は予備調査に始まる事前準備の段階、2つ目は監査対象部門での往査、最後は、監査報告書や監査調書の取りまとめの事後作業である。この事前準備、往査、事後作業に、それぞれどの程度の監査資源を費やすか、ということである。一般に、多くの内部監査部門では、そのようなデータを蓄積していない企業が散見される。会社の業種や事業規模、監査人員にもよるが、年間の監査実施件数はおよそ20~50件程度であろうか。監査計画に則って実施されるそれぞれの個別監査の標準的な時間配分も、重要なリソースマネジメントである。通常個々の保証監査では、往査の開始日と終了日、監査日数を決めるところは多い。

しかし、個別監査の各ステージの目標とする時間配分まで定めている内部監査部門は少ない。ちなみに、最も重要な肝は最初の事前準備である。

〝4：2：4〟の資源配分は、内部監査に要する総時間を設定し3つのステージへの配分の基準を定めるものだ。すなわち、事前準備に全体の所要資源の4割、往査に2割、事後作業に4割をそれぞれあてるものだ。図表7をご覧いただきたい。例えば、業務監査を2名の延べ3週間で実施（計30人日）する場合、事前準備に6日（12人日）、往査に3日（6人日）、そして事後作業に6日（12人日）の割合とする。通常、監査日程で最初に決めるのは往査期間である。監査対象部門の管理者、業務責任者の協力を得る必要があるからだ。それを基準として、具体的な事前準備、事後作業の日程を決めていく。IA Portal や TeamMate 等の監査ソフトを導入している場合は、すべての監査日程が登録されるので、監査責任者は自ずとそれぞれのステージの監査日数を掌握することができる。しかし、ほとんどの内部監査部門では、現在実施中の業務監査が一段落したときに次の監査の準備が始まるというように、同時並行的に監査が続くのが実際のところであろう。個々の監査の所要資源の実績を把握するためには、個別の保証監査のつど監査責任者を含むすべての監査担当者がタイムシートを作成する。年度監査計画策定の際に使った前年度の平均

（図表7）個別監査のステージごとの資源配分

【第1ステージ】（オフサイト）	【第2ステージ】（オンサイト）	【第3ステージ】（オフサイト）
事前準備	**往査**	**事後作業（評定・報告）**
● 予備調査（情報収集） ● 監査のリスクフォーカス ● 監査の予告通知 ● 個別監査計画書 ● リスクマトリクス表 ● 監査プログラム	● キックオフ会議 ● テスティング（検証作業） ● チーム内打合せ ● 監査講評会（監査終了会議）	● 監査の指摘事項・リスク度 ● 監査結果の総合評定 ● 内部監査報告書 ● 監査調書 ● 内部の品質評価（QAR）

監査資源の配分

	4 ：	2 ：	4	
具体例）業務監査を**2名**で3週間実施の場合	6日 **（12人日）**	3日 **（6人日）**	6日 **（12人日）**	計 **（30人日）**

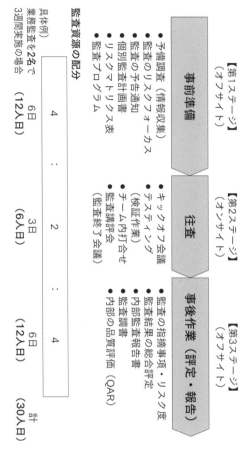

監査所要日数はこのタイムシートを集計し、平均値を算出したものである。

日本では、内部監査の資源配分や資源管理のリソースマネジメントの概念の浸透は内部監査部門に共通する課題である。実際の個別監査の資源配分は〝4：2：4〟と事前準備に重心を置くよりも、〝3：2：5〟や極端な場合〝2：2：6〟といった事後作業に後傾している。それは、最後の監査報告書作成に、監査対象部門との意見調整や報告書提出先の取締役会や最高経営者への報告内容への意識過剰などの理由から、事後作業に過大な時間をかけているからと思われる。

個別監査の品質を決定するといわれる〝事前準備〟に、総時間の4割はあてたい。それを徹底する有効な方法は、個別監査の標準的なタイムスケジュールを内部監査実施要領等で定めておくことだ。〝4：2：4〟の標準的な時間配分の設定は、それぞれのステージにおける具体的な作業日程の計画を立てやすくする。内部監査部門に期待される内部統制の有効な監視活動を実現するために、監査プロセスの一環として監査資源の配分に、ひとつの〝型〟を持つことは大切だ。

第13項

資源計画は〝タイムシート〟を基礎とせよ

読者の皆さんは内部監査にもタイムシートがあるのをご存じだろうか。出社や退社時の事務所のタイムカードを思い浮かべ、時間を管理される象徴として、良い印象をもつ人は少ないかもしれない。個別監査ごとに作成するタイムシートは、監査所要時間の実態を把握するための最善のデータである。海外で活躍するプロの内部監査人（インターナルオーディター）には、タイムシートは普通のことである。残念ながら、日本ではその普及が遅れている。内部監査部長は、タイムシートの意義をよく理解し、個々の業務監査の監査資源データを蓄積する必要がある。データは、特に年度監査方針を策定する際の資源計画の説明責任（アカウンタビリティ）の強化に役立つ。

個別の保証監査では、監査責任者も含めその監査に関わるすべての監査担当者はタイムシートを作成する。タイムシートの具体的な効用は、次のようなものである。

●期初に策定する年度の監査基本計画の人的資源計画に活用できる。
●1年間に実施可能な個別監査の件数を確定する根拠となる。
●年度監査計画の実行性を裏付ける重要な根拠を示す。
●個々の監査業務の実態ベースの所要時間が把握できる。
●個別の保証監査で3つのステージごとの所要時間を把握できる。
●個別監査で、それぞれのステージのどこがネックとなっているかの情報を与える。
●個別の保証監査の効率性を高める材料を与える。

このように、タイムシートは内部監査部門にさまざまな情報と便益をもたらし、データの内容を分析することによって、内部監査部門の監査業務全体の効率化が図れる。さらに重要なポイントは、タイムシートの作成自体にさほど時間を要しないことだ。

図表8にタイムシートのサンプルを示した。

タイムシートの作業項目（表下段）は会社によって異なるが、個別の監査業務における主要項目の所要時間の記録票である。そして、監査責任者を含め個別の監査業務に携わるすべての者が、週単位（1週1枚）で記録する。個別の保証監査は、通常、「事前準備」「往査」と「事後作業」の3つのステージがある。それぞれの時間配分は、〝4：2：4〟

（図表8）保証監査におけるタイムシートのサンプル

日付：＿＿＿＿＿

内部監査タイムシート

監査対象部門：

監査担当者　：　　　　　　　　　監査週：　／　－　／

作業項目		所要時間							時間計
		日	月	火	水	木	金	土	
1									
2									
3									
4									
5									
6									
7									
8									
9									
10									
11									
12									
13									
14									
15									
日別所要		0.0	0.0	0.0	0.0	0.0	0.0	0.0	0.0

《作業項目表》

作業項目（適宜追加可）		研修・休暇等時間計	
1	事前準備（組織、業務の習得等）	16	内部研修・勉強会
2	監査計画書作成	17	外部集合研修・セミナー参加
3	監査プログラム・リスクマトリクス表作成	18	
4	往査（資料分析、テスティング等）	19	休日
5	キックオフミーティング	20	休暇
6	被監査拠点との打合せ（面談等）	21	病欠
7	監査チーム内の打合せ	22	私用
8	監査講評会	23	早退
9	監査報告書作成・レビュー	24	
10	監査調書作成・レビュー	25	
11	監査報告会（内部監査部長）		
12	監査委員会報告／役員報告会		
13	フォローアップ		
14			
15	移動時間		

の按分をメドに全体の日程を組む。例えば、往査期間が5日間の場合、事前準備に10日、往査に5日、事後作業は10日間が目安となる。決して内部監査部長がカンに頼って決めるものではない。内部監査の品質評価の判定基準の一つに「効率性」がある。効率性の尺度として〝時間〟は、生産性に大きく影響を与える要因である。

実際の業務監査では、作業項目ごとの所要時間を監査担当者自身が日々記録をとる。1週間に1シートなので、日々の業務の記入は1分もかからない簡単な作業である。これを手抜きする者は、保証監査がすべて終了した後の監査調書の作成時に記入しようとするが、正確な記録が書けるわけがない。2週間も3週間も前の日々の作業内容や所要時間の記憶は曖昧となり、記録そのものの信憑性に疑問符がつけられてしまう。記録は毎日、正確に記入することを監査責任者は監査担当者に徹底する。

こうして記録されたタイムシートは、監査責任者は個別監査終了後、自身のものを含め全員分を集計し、個別監査の総時間、および内訳としての3つのステージごとの小計の実績を計算する。やることは簡単である。あとは、年度末に年間に実施したすべての保証監査の合計を算出し、個別監査当たりの平均総時間を日数（8時間／日等）に換算し、平均所要日数を把握する。例えば、年間20件の業務監査を実施した場合の、1監査当たりの平均所要日数が30日と計算された場合、翌年の年度監査計画ではその数値が監査期間設定の基準となる。もうひとつの個別業務監査のステージごとの集計は、同じように全体から1監査に要したステージごとの平均時間を算出し、全業務監査の平均所要日数を把握する。年度初めの〝4：2：4〟の配分の基本方針と比較し、実際にどのような時間配分となっていたかを分析する。ここで監査資源の観点から、個別監査の実態が判明する。興味深い結果となるか、驚くべき結果となるか。

タイムシートの導入を成功させるには、守るべき項目が2点ある。

1. タイムシートの所要時間を監査担当者の成果実績に活用するな、ということだ。内部監査は手が早ければ良いというものではなく、逆に時間をかければ一生懸命仕事をしたということでもない。それぞれが監査目標の達成に向け、定められた監査プロセスをスケジュールに則って確実に実施するものである。タイムシートは人事考課への活用に向かない。

2. タイムシートを監査担当者の行動管理の材料にしてはならない。目配りの下手な内部監査部長が犯すパターンである。記載されたタイムシートの細かい内容を、根掘り葉掘り分析するものではない。これをされたのでは、だれも率先して正確に記入しようとしなくなる。目的を違えた使い方は、結局のところ機能しなくなる。

このように、タイムシートは監査資源の管理と適正な資源配分を行うための貴重なデータとなる。内部監査部長はそのことを認識したうえで確かな実績のデータを積み上げ、次年度の年度監査計画を策定しなければならない。取締役会や最高経営者から年度監査計画の実行性を尋ねられても、自信を持って答えることができる。タイムシートは内部監査の効率化と実行性を保証する重要なツールであり、集計、分析を通して、確かな資源計画の策定が可能となる。まだタイムシートを活用されていない内部監査部長は、本書との出会いをきっかけに、導入を検討することをお勧めする。

第14項 個別監査のリスクアプローチのPDCAサイクル

内部監査業務に従事していて〝リスクアプローチ〟を聞いたことのない人はいないと思

う。しかしこのリスクアプローチなるもの、言葉は知っていても実践するのはなかなかむずかしい。品質評価で監査部門の保証監査の監査調書をサンプルレビューすることがあるが、リスクアプローチとなっていない会社は実に多い。知ることと行うこと、できることとはまったく別物のようだ。

リスクアプローチの観点から個別監査をPDCAサイクルで実施する際の要点は、どのようなものであろうか。図表9の〝P〟は事前準備の計画の段階であり、〝D〟は往査を指す。次の〝C〟は事後作業の監査調書や監査報告書の取りまとめの作業、最後の〝A〟は〝監査結果のモニタリングのフォローアップとなる。そして、すべての監査作業はリスクアプローチが基本だ。

まず〝P〟。個別監査の事前準備では、一般に予備調査を実施する。これは、監査対象部門の「現在」を知る作業である。経営方針や本年度の運営計画、業務分掌、組織、陣容に規程、マニュアル等の確認、更に管理責任者との予備面談を通じて、部門の課題や問題認識等を聴取する。この予備調査のプロセスを経て、監査対象部門に内在する、あるいは直面するリスクを識別し、リスク評価を行う。評価の結果に基づき、該当監査の重点分野を特定し、業務監査の目標と監査範囲を絞っていく。

（図表9）リスクアプローチによる個別監査のPDCAサイクル

- 重要性（リスク度）を勘案したフォローアップ態勢
- 改善措置内容の有効性の評価の実施
- 一定期間経過後の改善措置結果の有効性の判定
- 是正状況の定期的な報告

- 予備調査に基づくリスク評価の実施と重点分野の特定
- 監査目的・監査範囲の決定
- 潜在的なリスクとコントロールの特定
- 個別監査プログラム、汎用監査プログラムの選択とメリットv.s.デメリット
- 評価のための監査手続き、監査技術の選定
- 監査時間と監査資源の予備的な見積り

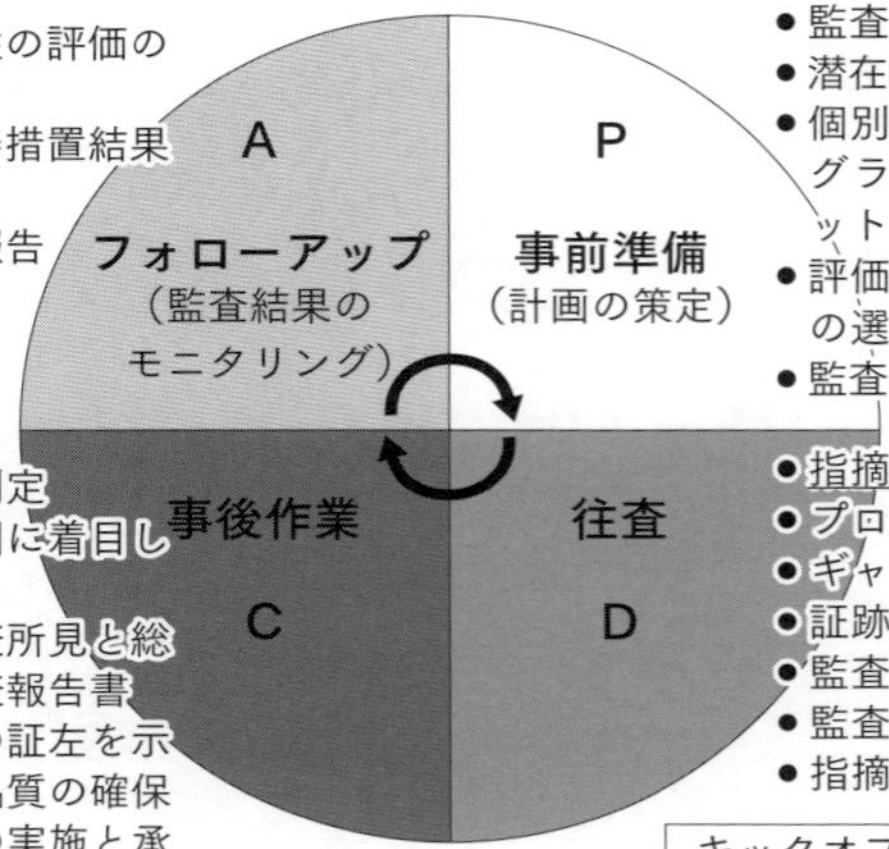

- 指摘事項の重要性の判定
- 現象・事実でなく原因に着目した改善提案
- 内部統制に関する監査所見と総合評定を表明する監査報告書
- 評価結果と指摘事項の証左を示す監査調書の作成と品質の確保
- 監査調書の内部評価の実施と承認

- <u>指摘事項</u>の対象　－<u>８つの分類</u>
- プロセス・チェック ┐
- ギャップ分析 ┘ <u>往査の基本手法</u>
- 証跡主義
- 監査技術・面談手法
- 監査目線
- 指摘事項の記載要件　　等々

往査の基本ステップ：［キックオフミーティング］［テスティング］［監査チーム内ミーティング］［監査講評会］

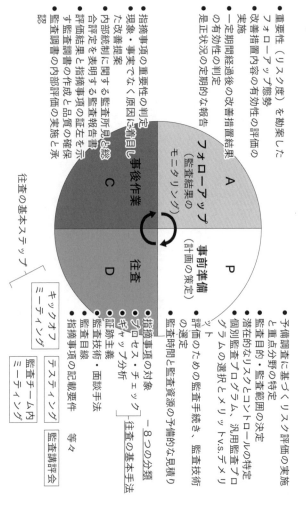

これらの情報を整理して、個別監査計画書にまとめていく。監査部長は作成された監査計画書書の内容を確認し、承認を行う。次に、予備調査で分析された監査対象部門のリスクの内容を一覧にして、リスクマトリクス表を作成する。リスクマトリクス表は主に2つの内容で構成される。ひとつは識別された具体的なリスクの内容と種類である。もうひとつは、認識されたそれぞれのリスクの内容に対して、リスクを低減すべき統制の手続き、コントロールを検討する。これらの作業は内部監査人としての知見や専門性が要求される。

CIA等の専門資格を有する者が最も活躍が期待される場面である。監査対象部門の業務の有効性と効率性の評価を行う保証監査において、このリスクマトリクス表の作表は重要かつ、むずかしい作業のひとつである。

次に、個別具体的な監査手続きを詳述した監査プログラムの作成を行う。監査プログラムは、監査対象部門のリスクの管理状況を検証する作業の内容を記した文書である。監査対象部門のリスク内容をまとめたリスクマトリクス表とこの監査プログラムの連動性は、特に重要な情報で、それぞれのリファレンス番号を結び付け、その関係性を示す。作成されたリスクマトリクス表と監査プログラムは、監査部長もしくは監査責任者が計画の段階で承認する。往査開始後これらに加除修正する必要が生じる場合があるが、その時は理由、修正内容を説明し、現場で監査責任者の承認を得ればよい。

「個別監査計画書」「リスクマトリクス表」と「監査プログラム」の3種類の文書は、個別監査の計画の3点セットとされ、業務監査を実施するための中核の監査調書を構成する。後は、評価のための監査技術の検討や監査時間等監査資源の予備的な見積り作業を行う。

いよいよ〝D〟の往査である。往査では初日業務の開始前にキックオフミーティングを行う。監査を滞りなく遂行するために、監査部門と監査対象部門の顔合わせを行い、今回実施の監査目的や監査日程、連絡事項等を伝える。その後、監査担当者別に検証作業のスティングに入る。業務監査では往査期間中、毎日監査チーム内の打合せを行う。これは進捗管理や期間中得られた監査情報を共有するうえで、重要なミーティングである。往査は、評価対象となる拠点の内部統制を多角的な視点で、ギャップ分析やプロセスチェックなどの監査技術を駆使し、リスク管理状況を分析し、その有効性を評価する。そこでは、内部監査人の監査目線の高さが問われる。往査最終日に、監査講評会を開催する。往査で判明した重要課題等の有無や監査結果の仮講評などを伝える。

往査の後は、〝C〟の事後作業である。指摘事項の重要性（リスク度）の判定や指摘事項への改善提案、そして内部統制への総合所見や監査報告書をまとめる。また、監査担当者は自身が担当する業務範囲の監査調書を作成する。この監査調書は作成後、監査部長あるいは監査責任者が内容をレビューし、承認を行う。これは、監査の品質の内部評価を意味するが、日本の企業の監査部門では意外なほど、監査調書の品質レビューが実施されていない。社長や取締役会へ報告する監査報告書の作成に時間をかけすぎているのが一因である。

最後が〝A〟のフォローアップ作業となる。業務監査の結果判明した不備事項の是正措置の内容の有効性を評価することが、フォローアップの目的である。実施する時期は、指摘事項の重要性に依拠する。例えば、リスク度〝H（高）〟の指摘は早期に対応を要する。それだけ経営に与える影響が大きいからである。リスクアプローチでは、リスク度と連結した実施時期の設定が求められる。たまにフォローアップといえば、単に監査対象部門から終了の報告書を受領すること、と勘違いをしている監査担当者を見かけるが、そうではない。不備事項が経営に及ぼす影響が確実に払拭または軽減されたか、を厳格に判定する行為がフォローアップである。是正の内容が十分でないと監査部門が判定した際は、改善不十分として監査対象部門へやり直しを指示する。特に、リスク度〝H〟や〝M（中）〟の重要な指摘事項は是正状況の結果は、監査部長は定期的に取締役会等へ報告を行う。

このように、リスクアプローチの監査を行ううえで、個別監査のＰＤＣＡサイクルは重要なプロセスが連続する。どれかひとつが欠けても有効な監査とはならないので、監査部長はそれぞれの作業内容をしっかり理解し、監査態勢として制度化する必要がある。

第15項 リファレンス番号は監査前に体系化せよ

筆者はさまざまな企業の内部監査部門に対して外部からの品質評価を行ってきた。そこで監査調書をレビューする際に、多くの内部監査部門から共通して受ける印象がある。それはリファレンス番号の使い方が拙いことである。監査調書にリファレンスが付番されていない、あるいは内部監査部門で徹底されていないためか、同じ帳票等でも監査担当者ごとにリファレンス番号が異なるなど、リファレンス番号の重要性が認識されていない様子である。そこへいくと、海外のプロの内部監査人（インターナルオーディター）はリファレンス番号の使い方がうまい。この差はどこからくるのか。リファレンス番号の用い方に特別な技術を要するというわけではなく、おそらくリファレンス番号の役割を正しく認識できているかどうかの違いによるような気がする。結果としてインターナルオーディターは自身が実施した監査活動を第三者に対して実にうまくアピールする。それで自分の翌年の年俸が決まると思えば、力の入れかたが違うのも無理はない。そもそも日本では、作成した監査調書で自身の専門職としての矜持をアピールしようなどという発想自体ないと思われる。

リファレンスは、基本的には個別の保証監査で作成、あるいは収集されたすべての調書に採番される。個別監査計画書、リスクマトリクス表に監査プログラムとそれぞれの項目、発見事項、不備指摘事項一覧表、監査報告書、証憑類等は、事前に定められた番号が振られ、それぞれの関連性を示すことが可能となる。そのようなクロスリファレンスが記載されていない監査調書は、監査責任者の品質レビューをきわめて困難な作業に変える。

品質レビューでは、監査責任者はすべての監査調書をもとに、検出された事実や監査担当者の評価・コメントの正当性を一つひとつ証憑によって確認する。その助けとなるのがリファレンス番号である。

個別監査の目的は、監査対象部門の業務運営体制や業務プロセスの有効性、効率性を評価することにある。監査担当者が担う保証活動の意義はそこにある。評価の示されない業務監査は結末のない映画のようなもので、ぜんぜん味気なく、締まりがない。したがって、評価を裏付ける証憑は重要な意味を持つ。それゆえに、事実を示す証憑は必ず取得し、監査調書に残すことが重要だ。

内部監査は〝プロセス〟の完成度でその品質が決まる。監査調書はそのプロセスを代弁する役割を担う。業務監査のプロセスを要約するとおおむね以下のようになる。監査対象部門への事前の予備調査に基づき監査の目的と範囲を決定し、個別監査計画書を作成する。次に業務プロセスに内在するリスクを想定し、リスクを低減するためのコントロールをリスクマトリクス表にまとめる。リスクに対応した監査プログラムは監査手続きの詳細である。往査での発見事項とその証憑、それをまとめた不備指摘事項一覧表、不備事項に内部監査部門の評価意見をまとめた監査報告書、これらのすべての調書が、当事者の監査担当者、監査責任者はもちろん、第三者のレビューを容易にするように作成されなくてはならない。ここに専門職としての意識が発揮される。なんども繰り返すが欧米アジアのプロの内部監査人は、このポイントを的確に押さえる。

監査プロセスを連動させるキーワードは〝リファレンス番号〟である。そのリファレンス番号は往査が始まって、業務現場で監査調書を作成するときに考えるものではない。リファレンス番号の体系は、通常個別監査の計画の段階で決めておく。一般に、監査対象部門の業務単位、例えば、預金は〝DP〟、融資は〝LO〟、外為は〝FX〟、会計は〝AC〟などと決めていく。そして監査担当者ごとの記号（例えば、古山は〝K〟、村野は〝M〟、佐藤は〝S〟など）を振る。リスクマトリクス表の項目番号（例）1a、2a…）や監査プログラムの監査項目の番号（例：PR1、PR2…）は、監査担当者ごとにバラバラではなく、統一した記号をあらかじめ設定する。往査で収集されたさまざまな証憑も個別にリファレンス番号（例）T1、T2…）を採番する。

説明力のある監査調書を策定するには、このようなリファレンス番号の体系の準備を大前提としたうえで、個別の業務監査を実施する。さらに運用では、それぞれの監査調書に必ず、相互参照番号（クロスリファレンス）を記載する。通常はその調書の右上に、関連する調書の番号を簡記する。例えば、収集した発見事項の証憑の右上に、リスクマトリクス表や監査プログラムの該当項目番号を記入する。そうすると、どの証憑がどのリスクをレビューした際のエビデンスかを、後でだれでもトレースすることが可能となる。日本の内部監査業務の現場で、このクロスリファレンスの価値がもっと理解されると、個別監査全体の品質は格段に向上するはずである。

リファレンス体系をあらかじめ定め、すべての監査担当者に監査調書への記載を徹底させる。そして、監査プログラムの個々の項目ごとにクロスリファレンスを記入することによって、それぞれの監査調書の関連性が一目で理解でき、説明力がぐっと強化される。わざわざ言葉にして説明する必要はなく、クロスリファレンスを付記するだけで該当監査のプロセスが自ずと表現される。監査調書とリファレンス番号が監査プロセスのすべてを語る。リファレンス番号を体系化していない内部監査部門は、ぜひとも検討いただきたい。

第16項

監査の品質は〝事前準備〟で決まる

個別監査のプロセスは大きく「事前準備」「往査」「事後作業」の3つのステージに分けられる。このなかで最も重要、かつ当該監査の品質を決定するのは、最初の〝事前準備〟である。そのために相応の時間がかかる。

これまでも何度かふれたが、上司である内部監査部長が最も注力するのは、事前準備ではなく最後の事後作業のなかで作成される監査報告書、と答える内部監査部員は少なくない。監査報告書が個々の業務監査の結果の集大成と考えるからである。確かに、監査報告書は、各ステージにおける情報を体系的に取りまとめた文書という意味では、集大成といえる。しかし、それだけで当該監査の品質が決められるわけではない。

個別の業務監査では事前準備の予備調査で、監査対象部門の〝現在〟の業務計画や方針、運営体制、リスク認識、業務プロセスの整備状況等の確認作業を行う。それらの確認結果に基づき、個別監査計画の策定、識別されたリスクに基づくリスクマトリクス表、そして個々のリスクの詳細な監査手続書が作成される。これらの完成度の高さが、その後の往査、事後作業の結果を大きく左右するといってもよい。

予備調査の主たる目的は、これから実施する業務監査の目的と範囲を探ることだ。監査対象部門のリスクを基調とするリスクアプローチ監査は、すべての業務を均等かつ詳細に業務の正確性を検証することは求められない。それぞれの業務にどのようなリスクが想定され、どの業務分野が相対的にリスクが高いかを事前に判断する。また、業務管理者が不安に感じ危惧する業務運営上の問題点や課題、新たに開発された商品や導入システムはないか、前回監査で明らかにされた重要指摘の改善状況はどうか等を調査する。予備調査の主な作業項目は次のとおりである。

① 監査対象部門の組織図、業務分掌、運営方針・業務計画、人員、体制等直近の情報の収集
② 要員計画、職務記述書（ジョブディスクリプション）、権限規程等の収集
③ 業務マニュアル、規程、規則、部内（店内）ルール等各種手続きの一覧の入手
④ 監査対象部門の業務責任者との面談（方針・計画、懸念する事案、リスク認識等を

聴取）

⑤　監査対象部門の業務に関係のある所管部、または影響を受ける部門責任者との面談（コンプライアンス部、事務統括部やリスク管理部等からの意見聴取）
⑥　監査対象の現地視察（＊1）
⑦　監査法人のマネジメントレター、調査報告書等のレビュー
⑧　財務諸表、管理会計資料等の収集と分析
⑨　業務フローチャートの作成、分析（＊2）
⑩　サンプルでのウォークスルーによる取引の流れの理解（＊1）
⑪　主要な業務のコントロール活動の理解と文書化（＊2）
⑫　業務で使用される情報システムの一覧表（含むＥＵＣ）の入手

＊1　これらの作業は、監査の実施（往査）時に行うことも可能。
＊2　監査対象部門の業務を理解するため、必要に応じて作成する。

予備調査で、新しい業務処理システムの導入や関連法令等の改正等で業務プロセスの変更が判明した場合は、新業務フローに潜むリスクを掌握するために、事前にフローチャートを作成するのも効果的である。新規の業務や新システムは、既存のものよりリスクが大

きいと考えるのが一般的だからだ。

予備調査の結果、識別されたリスクに対する業務監査の目的と監査範囲を個別監査計画書にまとめる。作成された個別監査計画書は内部監査部長が承認する。次に監査の具体的な手続書として、リスクマトリクス表と監査プログラムを作成する。リスクマトリクス表は、監査対象のリスクを整理し一覧に取りまとめたもので、監査対象部門のリスク評価シートといえる。同表には、想定されるリスクの種類と内容、リスクを低減するリスクコントロールの内容を記載する。監査プログラムは、監査対象の業務に内在するリスクに焦点を当て、個別具体的な監査手続を記したものだ。リスクマトリクス表と監査プログラムは、往査前に内部監査部長または監査責任者の承認を得る。

事前準備における監査品質の要点をまとめたので、個別の保証監査の際に参考としていただきたい。

1. 「予備調査」に基づく監査対象部門の潜在、および顕在リスクの想定
2. 想定リスクの軽重の評価、および該当監査における重点分野の特定
3. 監査目的、監査範囲を明示する「個別監査計画書」の作成、および監査部長の承

認

4．監査対象部門のリスクとリスクコントロールの内容をまとめた「リスクマトリクス表」の作成、および監査責任者の承認

5．リスクの内容と連動した具体的な監査手続きを記載した「監査プログラム」の作成、および監査責任者による承認

6．予備調査で収集された資料等の監査調書の整理・保管

（上記の資料はすべて監査調書の一部を構成するので、監査調書の種類別に整理、保管する。）

内部監査部長または監査責任者にとって、⑴個別監査計画書の監査目標・範囲と監査プログラムの関係性、および⑵重要なリスクと監査プログラムの連動性を事前に必ずレビューすることは必須の責務である。筆者の監査業務のコンサルティング先では、この2点が内部監査部門の意外な盲点となり、実施されていないことがままある。これらの〝事前準備〟の作業が終了したときに、初めてリスクアプローチ監査のスタート地点に立つことができる。

第17項

リスクアプローチの真髄はリスクマトリクス表にあり

個別の保証監査では事前に、⑴個別監査計画書、⑵リスクマトリクス表と⑶監査プログラムの3種類の監査調書を作成する。これらの監査資料を総称して、「個別監査の3点セット」という。個別監査計画書と監査プログラムだけで業務監査を実施する内部監査部門も少なくないが、リスクアプローチを標榜する場合、リスク情報は必須となる。このなかで最も監査キャリアの発揮を求められるのが、リスクマトリクス表の作成である。リスクアプローチの監査で重要な位置付けとされるリスクマトリクス表の作成は、業務に付随するリスクを識別することから始まる。リスクに対する感性は、リスクの基本事項を学び、監査業務への慣れがその磨きをかけていく。

事前準備で監査対象部門の予備調査の結果をもとに作成されるリスクマトリクス表は、監査対象部門の管理体制や業務運営等に関わるリスクの内容と、そのリスクを低減するための統制のあるべき状態を一覧表にまとめたものである。このリスクマトリクス表を策定する前提として、次の3つの要素を確認する必要がある。

1　監査対象部門に内在する潜在、あるいは顕在化するリスクの内容
2　リスクの種類
3　統制（コントロール）の種類と内容

まず、1のリスクの内容は、予備調査で業務責任者との面談や運営方針、業務体制、運営計画等のレビューを通して、内部監査部門が認識する監査対象部門のリスクをまとめる。2はリスク種類の知識領域が狭いと識別できるリスクも限定的となる。例えば、金融機関等では、バーゼル規制関連で信用リスク、市場リスク、流動性リスクにオペレーショナルリスクなどがある。またこれら以外にもカントリーリスク、資金移動リスク、金利リスクに法務リスクや評判リスクなどがあげられる。基本的には自社の内部統制の開示資料でリスクの分類が把握できる。3はコントロールの基本知識である。主な種類は、予防的、発見的、回復的に指導的コントロールの4つである。このなかで最も効果のあるのは

予防的コントロールである。これらの情報を頭に入れ、リスクマトリクス表を作成していく。

図表10は、金融機関の本部監査における事務リスクを所管する事務部に対する業務監査のリスクマトリクス表の事例である。リスクマトリクス表の内容は、往査前の事前準備の段階で作成する箇所と往査で検証した結果を記述する箇所とに分かれる。図表のリスク内容、リスクの種類、そしてリスクに対する統制のあるべき状態としてのリスクコントロールは、監査担当者が予備調査の結果をふまえて記入する。業務ごとにどのようなリスクが想定され、個々のリスクに対する具体的な体制やコントロールはどうあるべきかを検討することは、意外に高度な作業である。新任の監査担当者にとってはいささか荷が重い。かといって、多岐にわたる業務にそれぞれどういうリスクが存在するかを定型化するのもなかなかむずかしい。リスクの種類を規程等で事前に分類することにより、リスクに関する基本知識を糧にした監査担当者の想像力が試される。同じ事象を目にしても、何気なく通り過ぎてしまう者もいれば、何かを察知し、そこにリスクを感じる者もいる。組織の文化、風土に基づく会社固有のリスクを洞察するには、想像力と監査への〝慣れ〟が必要となる。〝慣れ〟とは経験や場数を積み重ね、リスクやコントロールに対する造詣が深まっ

（図表10）リスクマトリクス表の作成例

リスクマトリクス表

監査種類	：	総合監査
監査対象部門	：	事務部
監査基準日	：	202x/3/31

リスクマトリクスRef #	リスク内容	リスク種類	リスクコントロール（統制のあるべき状態）	評価結果	指摘事項Ref #	監査調書Ref #
1a	●事務リスク管理を業務分掌とする組織・陣容の脆弱さから生ずるリスク管理の不徹底。	経営リスク	●業務分掌と整合した組織・陣容が確保され適切な体制が構築されている。 ●報告経路は明確、担当者の知識経験は適切なレベルを維持。	組織・分掌・陣容・報告体系は適切に機能。	なし	T1-3
2a	●事務リスク管理体制の不明瞭な責任・権限、また不十分な職責分離から生ずるリスクの顕在化。	事務リスク	●事務リスク統括部門の責任と権限は明確に規定されている。 ●事務リスク管理部門は営業活動から独立し、職務兼務はない。	一部に兼務が認められ改善を要する。	RCW1	T4-5
3a	●事務リスクに係る顕在事例や潜在リスクが識別されず統計も未分析なことから多くの同様事例が再発。	事務リスク	●過去に発生した不祥事件や事務事故が識別され、原因分析が適切に実施されている。 ●統計には他社事例や潜在事例が網羅され、重要性の判定に活用される。	事務リスクの範囲や報告事例が不明瞭で再発事故が散見。	RCW2	T6-8
；	；	；	；			
	事前準備の段階で記入作成する。			オンサイトの監査開始後、記録する。		

ていることをいう。事務部の例では、リスクの種類として経営リスク、事務リスクが記載されており、それぞれのリスクに対するコントロールが事前にまとめられている。このコントロールの考察にも、監査業務と内部統制に関する慣れが必要である。内部統制の整備にとって効果的なコントロールの種類を理解し、コントロールの具体的な内容を思い描いていく。ただし、事前の予備調査だけで、すべてのリスクやコントロールについて完璧に内容を把握することなど不可能である。往査期間中に新たなリスクやコントロールが判明することもある。その場合は速やかに監査責任者の承認のもと、リスクマトリクス表に加除修正を行えばよい。

右側にある結果の記述欄の評価結果と指摘事項のリファレンス番号（Ｒｅｆ＃）、そして監査調書のリファレンス番号（Ｒｅｆ＃）は、往査で作成した監査調書のリファレンス番号を記入する。例えば、１ａのリスクに対する評価結果は〝有効〟で指摘事項はなし。その評価の証跡は、監査調書Ｔ１－３を参照する。さらに、Ｔ１－３のそれぞれの監査調書の右上にリスクマトリクスのリファレンス番号を記入する。そうすることによって、リスクマトリクス表と監査調書の紐付けが可能となる。また、左端のリスクマトリクスのリファレンス番号は昇順で付していく。このリファレンス番号は、監査プログラムに記載された監査項目のリファレンス番号に紐付ける。それで、リスクとリスクコントロールと監査手続きが一連の流れでつながり、監査担当者が実施する業務監査のストーリーが完成する。これが、リスクアプローチのプロセスということになる。

いまやリスクアプローチが主流の内部監査にとって、事前に作成するリスクマトリクス表の作成こそがリスクを端的に分類し、内部統制に期待されるコントロールのありようを表現する。この完成度によって、リスク認識の深さが決まる。リスクマトリクス表の作成は習うより慣れろ、日頃の弛まぬ研鑽が監査の品質を高めることとなる。

第18項

監査プログラムの意義と有効性

点検書やチェックリスト等による汎用監査プログラムに慣れている監査担当者には馴染みが薄いかもしれないが、業務監査等の保証監査では圧倒的に個別監査プログラムが多い。筆者の経験では、ほぼ業務監査のつど個別監査プログラムを策定した。この個別監査プログラムはリスクマトリクス表と連動し、監査調書の重要な位置づけを占める。

監査プログラムの意義や作成手順、そして他の監査調書との関連性を理解し、業務監査で活用することは、決してむずかしい手続きではない。裏返せば、もしそのような理解や認識がない場合、監査プログラムの持ち味や有効性における価値が十分に活かされていないことになる。ここでは汎用監査プログラムではなく、保証監査で作成する個別監査プログラムについて説明する。また、監査プログラムの深度は、当該監査における内部監査部門のリスク認識が如実に表れるので、監査責任者は事前の承認の際に留意しておこう。

リスクマトリクス表は、監査対象部門の業務に係る潜在、あるいは顕在リスクの内容、およびリスクを低減するためのあるべき統制（コントロール）をまとめたものである。監査プログラムは、そのリスクマトリクス表で想定されたリスクに対するコントロールの検証のテスト内容を具体的に記述する。したがって、コントロールの状況に対する監査担当者の検証結果や確認内容もまた、網羅的かつ明確に記載されなくてはならない。先に示した事務部の例で説明する。

まず、個別監査プログラムは、リスクマトリクス表とリンクしており、両者は相互参照番号（クロスリファレンス番号）でその関連性を示す。例えば、図表11の左端の監査プログラムのＲｅｆ＃の下段（カッコ内）に記載されたリファレンス＃は、リスクマトリクス表の該当番号である。すなわちリスクマトリクス表の１ａの経営リスクに該当する監査手続きがＰＲ１の事務リスク管理組織と体制であり、２ａの事務リスクに関連する監査手続きがＰＲ２の職責分離となっている。ここでは、リスクマトリクスと監査プログラムの各項目は簡便的に〝１：１〟としているが、実際には、〝１：ｎ〟となる。すなわち１件のリスク内容に対して、複数の監査続きとなるのが普通である。

監査プログラムは、往査に先行する事前準備のオフサイト段階でテスト項目とテスト内容を検討し、同プログラムに記入する。往査の検証手続きを通じて、（ａ）対象範囲、（ｂ）監査の対象資料、（ｃ）サンプルサイズ、（ｄ）収集された関連調書（図表ではＴ１－３）、（ｅ）評価結果としての指摘事項の有無と指摘事項ありの場合の（ｆ）指摘事項のリファレンス番号（同ＲＣＷ１～）などを記載する。（ａ）～（ｃ）は往査前に仮決めしてもよい。往査で実際に検証し、入手した監査証憑等の監査調書には必ず該当の監査プログラムのリファレンス番号を右上にでも補記し、監査プログラムと関連証憑等の関連性を紐付けることが重要である。なぜなら、監査終了後に実施される監査部長による内部の品質評

（図表11）個別監査プログラムの作成例

個別監査プログラム

（監査テスト項目記述書）

監査種類　：総合監査
監査対象部門：事務部
監査基準日　：202x/3/31

Ref.#（リスクマトリクスRef#）	テスト項目	テスト内容	対象範囲	対象資料	サンプルサイズ	関連調書Ref#	指摘事項の有無	指摘事項Ref#
PR1（1a）	事務リスク管理 組織と体制	組織図と業務分掌を入手し検証する。 1. 組織図・業務分掌は更新済か。 2. 業務分掌と業務実態を比較検証する。 3. 相違ある場合は責任者へ確認。	部全体	組織図 業務分掌	当該 すべて	T1-3	なし	－
PR2（2a）	職責分離	職務記述書を入手し確認する。 1. 職務記述書は更新済か。 2. 事務リスク管理を担当する者の職務記述書を検証する。 3. 営業推進との兼務ある場合は責任者へ確認する。	該当課	職務記述書	当該者 全員	T4-5	あり	RCW1
PR3（3a）	リスク認識	事務リスク一覧表と分析結果を検証する。 1. リスク一覧表はあるか。 2. 事務リスクが識別され、リスクの重要性が分析されているか。 3. 分析結果は報告されているか。	該当課	リスク一覧表 リスク分析表 分析結果報告書	前年度	T6-8	あり	RCW2
←事前準備の段階で記入作成する。→			←オンサイトの監査開始後、記録していく。→					

価、具体的には監査調書のレビューの際、相互参照番号はレビュー作業を容易にし、大変有益な情報となるからだ。また、リスクマトリクス表同様に、往査期間中に監査プログラムに加除修正が必要とされた場合は、往査現場で監査責任者の承認を得たうえで、速やかに修正を行う。こうして作成された個別監査プログラムは、次回の監査時に大変役に立つ。筆者がニューヨークで内部監査に携わった際、最初の1年は業務監査の事前準備の段階における予備調査をふまえた個別監査プログラムの作成に大変時間がかかり、苦労した。しかし、業務監査のリスクの捉え方と同じように慣れてくると、あるべき統制に対する検証の要点や対象などがつかめてくる。リスクの軽重に比例し、監査の深度をどのレベルに設定するか、あるいは最も深度を高めるべき業務は何かなどを勘案しながら監査プログラムを作成する。簡単なことではないが、監査がおもしろいと感じられるプロセスでもある。

監査プログラムの作成は、新任の監査担当者が最も苦労することの一つである。監査責任者は、監査担当者に監査プログラムの意義や役割を丁寧に説明し、効果的なＯＪＴを心がけたい。監査プログラムがスムーズに予定どおり完成できれば、だいぶ監査業務に慣れてきた証拠となる。間違っても、十分な監査プログラムもなしに往査に向かわせることのないようにしたい。

監査プログラムは内部監査の深度を表すものである。リスクマトリクス表に則った個別具体的な監査手続きをどこまで掘り下げるかに、監査担当者の手腕が発揮される。監査プログラムに監査担当者の意思を込め、心意気を示す。監査が自分の手の内に入る瞬間である。

第19項 汎用監査プログラムの向き・不向き

個別監査の往査で実証性テストが主な場合、業務のリスク内容に適した個別詳細な監査プログラムを活用し、ほとんど準拠性テストがメインの場合は汎用監査プログラムを整備し、内容を定期的に見直すことが効果的だ。

事前調査の結果をもとにして作成される監査プログラムの一般的な特徴として、次のようなものがあげられる。なお、（　）内の個別、汎用の表示は筆者の意見である（Sawyer's Internal Auditing vol.1 参照）。

●監査業務の各ステップの体系的な計画を示し、監査プログラムを通じて監査責任者と監査担当者のコミュニケーションを図ることができる。（個別・汎用）
●事前調査で得られたさまざまな情報のうち、内部統制上重要と思われる分野に、効果的かつ効率的に的を絞ることができる。（個別・汎用）
●多くのプロセスや広範な業務のすべての活動を監査する場合、特定のリスクにフォーカスを当てた監査プログラムを作成することによって、監査時間を大幅に短縮することができる。（個別・汎用）
●内部監査は、不正行為の防止に役立つ内部統制の有効性を検証する手続きを可視化（文書化）する責任を有する。監査プログラムは可視化の証跡文書となる。（個別・汎用）
●重要なリスクとコントロール手段を識別し、評価した事実を証明する。（個別）
●監査担当者が実施した監査業務の要約記録が得られる。（個別）

●内部監査の品質評価者に、監査の開始時点から当該監査業務の評価を可能にする。（個別）
●個別の監査プログラムは、変化する環境や多彩な業務内容、異なる管理者から生じる多様性を考慮することが可能となる。（個別）

監査プログラムは、前項でも説明したように通常、業務監査ごとに設定された監査目標に対して監査のつど作成される「個別監査プログラム」と、汎用的により多くの監査拠点への使用が可能な「汎用監査プログラム」に分けられる。後者の汎用監査プログラムは、定型化あるいはパターン化された監査プログラムをさし、点検書やチェックリスト、監査手順書などが典型である。汎用監査プログラムの利点をまとめると、次のようなものである。

●経験の浅い監査担当者が実施する監査を、容易に管理することができる。
●同種の監査が複数の拠点で何回も実施される場合に、有用。
●各拠点間で比較できる情報やデータを提供する。

●同種の監査報告書や地域別の包括報告書を作成するときに有用。
●監査対象の業務が比較的類似している場合に、応用できる。

では、汎用監査プログラムは、具体的にどういう業種や監査で使用できるか、を考えてみよう。例えば金融機関や小売業は、全国あるいは特定の地域に集中して営業拠点を構え、それらの多くは同種の業務や商品を似たような組織・体制のもとで提供している。

これらのすべての営業拠点への監査では、営業拠点や店舗向けに制定された事務手続やマニュアルへの準拠性の検査用に、業務別点検書などの汎用監督プログラムが適用でき、利便性がある。何十、何百という営業拠点に対して、都度個別監査プログラムを作成する労力の大幅な削減に役立つ。だが、営業拠点の取扱い業務や商品は同じでも、設置される地域の特性や重点業務も異なり、拠点長の経営方針や運営体制も一律ではない。汎用監査プログラムといえども、事前の調査による内部統制上の課題や問題点に絞った項目に取捨選択する必要がある。拠点固有のリスクに焦点を当てることも重要だ。そのために、リスクに関する情報が汎用監査プログラムには求められる。そうでない場合、各項目の重要性が同じであるかのような誤解を与えてしまう。また、チェックリストは監査対象部門の内部統制を深く理解するための要素としてではなく、機械的な確認項目のように扱われる危険をはらむ。

要は汎用監査プログラムの使い方次第で、その効果や利便性、監査の有効性が変わることを把握したうえで、その適用を検討すべきである。単純に、事務手続きや規程どおりに業務現場で実施されていることの点検であれば、内部監査部門ではなく、管理部門の事務部やミドルオフィスのコンプライアンス部門等の役割である。さらに統制の自己評価であるＣＳＡの導入を図っても、準拠性強化の目的は達成可能である。

平成から令和に移り、世の中の環境変化は著しい。企業の経営環境や収益確保もむずかしい時代となり、内部監査業務はますますリスクアプローチが求められるようになっている。業務の有効性、効率性の評価ツールとして、汎用監査プログラムがすべてに適用できるわけではなく、社内の経営環境をよく分析し、反復性の高い準拠性テストが中心でもリスクアプローチを固持し、汎用監査プログラムの適用性を高めることが肝心だ。個別と汎用の監査プログラムの選択においても、監査の有効性、効率性の追求に責任を持つ内部監査部長の手腕が問われる。

第20項

新人のデビュー監査に気を配れ

新たに内部監査部門に異動、転入した新任の監査担当者の初めての業務監査は、最も監査リスクが高い。個別監査の管理、監督を担う監査責任者はそのことを肝に銘じ、注意深く用意周到に監査を進める必要がある。

着任後最初の6カ月が内部監査業務で一番重要な時期といわれる。異動直後のオリエンテーションから自己研鑽、ＯＪＴと続くこの期間に、内部統制の仕組みをはじめ、業務監査の基本的なプロセスからリスクの定義と分類、統制の種類と特徴、そして内部監査の基本的技術や応用技術などを習得させる。リスクアプローチが意図する内容や予備調査によるリスクの特定、リスクマトリクス表や監査プログラムの策定、往査におけるプロセスチェックなどを徹底的に教育する。この時機を失すると、期初に承認された年度監査計画に基づく個別監査の消化に追われ、研修に十分な時間を割く余裕がなくなる。やむを得ず、保証監査に携わりながらのＯＪＴ中心となってしまいがちである。

筆者が内部監査のリーダー時代に最も気を遣ったのは、新任のデビュー監査である。いくら事前に体系的な教育、研修を受けたとしても、拠り所となる知識量に自信がないこともあって、最初の業務監査はだれでも緊張する。実査で業務管理者と対峙することなく、別室で資料を調査し監査調書や報告を書く程度であれば、特に心配するような問題は起こらない。

個別監査は、事前の予備調査の段階からさまざまな専門能力が必要とされる。監査対象部門の組織や体制上の課題、業務に付随するリスクの想定、業務処理を理解するためのフローチャートの作成や責任者との面談によるリスクの共通認識などである。それらを整理したうえで、監査目的や範囲を決め、監査計画を策定することになる。さらに、リスク分析やリスク低減の効果的なコントロールの考察、リスクを一覧にまとめたリスクマトリクス表や個別具体的な監査プログラムの作成など経験のある内部監査人でも頭を悩ますステップが待ち受ける。

実監査におけるこれらの作業は、新任者にはなおさら荷が重い。そこで、先進的な企業の内部監査部門で採用されている新任監査担当者へのメンター制度は大変効果的な方法である。メンターとは、新任者に対して個別監査の準備作業の段階から適切な支援を行う指導者を指す。新任者も自身のメンターが指定され、監査作業のあらゆるステップでサポートがあると安心して監査業務に取り組むことができる。オンサイトの往査の段階になると、より複雑な作業が待ち受ける。監査プログラムにのっとって、監査対象部門の業務知識に長けた管理者や担当者を相手に、効果的な監査技術を用いて評価するために、事実の証跡を積み上げていく。現場で行われている統制の有効性を最終的に判定し、〝有効〟か〝不備〟かの評価を行う。新任者1人では相当むずかしい作業となる。

評価作業を内部監査部門の内輪で行うだけならまだしも、そこには監査対象部門の管理者への説明責任が常につきまとう。〝有効〟の評価であれば監査対象部門との間に平和的な空気が流れるが、ひとたび〝不備〟指摘などの判定をしようものなら、執拗な反論を覚悟しなければならないケースもある。新任者だけでは多くの場合、本来であれば内部統制上の有効な指摘事項であっても、自然消滅という結果を招くことになりかねない。

また、別の事例では、監査対象部門の部長や管理者が監査担当者の元上司だったりした場合、途端に評価のトーンが落ちることがある。内部監査業務の客観性を確保する拠り所である独立性など何処かへ吹き飛んで、なごやかに昔話に花を咲かせたりする。また、海外のプロ意識の強いインターナルオーディターではほとんどありえないが、比較的年次の若い新任監査担当者の場合、ヒアリングの段階から相手に見下されていることもある。内部監査が社会で専門職として確立されている欧米では、特別な事情がない限り年齢などが監査業務に影響を与えることはない。年齢よりむしろ監査業務の専門性に欠ける言動のほうが問題視されることが多い。

内部統制の重要な欠陥や不備に監査担当者が気づかない、あるいは見過ごしてしまうことは重大な〝監査リスク〟を招来しかねない。その意味で新任監査担当者のデビュー監査は監査リスクが最も高いといわれるゆえんだ。それゆえに、なおさら監査責任者の緻密な管理、監督が重要となる。新任の監査担当者を決して監査の現場で孤立させることなく、監査プログラムに則り粛々とギャップ分析に集中させる。新任監査人には今後少なくとも3年は携わるであろう監査業務経歴の初回に、下手なつまずきやトラウマを経験させないことである。内部監査業務がガバナンス上きわめて重要な役割を担うことから、内部監査の本道をマスターさせ、今後のキャリアパスに活かせるよう、大事に育成したいものである。

承の章

専門職としての往査の卓越した技術

第21項

往査で外せない4つのプロセス

予備調査の結果をふまえて、いよいよ業務現場での往査（実査）を開始する。監査担当者にとって、最も緊張する場面である。往査は、次に説明する4つのプロセスが肝となる。

1. キックオフミーティング
2. テスティング（検証作業）
3. 監査チーム内ミーティングの開催
4. 監査講評会（監査終了会議）

まず、初日の業務開始前に行われるキックオフミーティングである。内部監査側は監査責任者をはじめ、該当監査を担当する者全員、そして監査を受ける側は、トップの拠点長、業務責任者が出席する。進行は、内部監査側が務める。議題は、初めに予備調査協力への謝辞を述べ、往査実施にあたり協力を依頼する。監査業務は監査をする側と、される側の両者の協力があって初めて成り立つ協働作業である。最初が肝心なので、監査部門側はそれを意識して、友好的な雰囲気づくりを心がけたい。次に、今回の監査担当のメンバーや監査対象部門の主要管理者の相互紹介。そして監査側から、監査目的や監査範囲等の当該監査の概要と往査の日程、監査作業時間等の監査スケジュールを説明し、理解を得る。特に、業務監査で監査対象部門の何を評価し、監査目標として何を実現するかの説明は、両者の関係性を深め、会社にとっての監査業務の意義を共有することとなる。監査対象部門からは、業務時間や繁忙時間帯、会議室、コピー機、専用キャビネットの設置などの準備状況を聴取する。所要時間は30分程度で、要領よく進めたい。

キックオフミーティングが終了すると、監査担当者は用意された会議室等で早速検証作業に入る。事前に監査責任者の承認を受けたリスクマトリクス表や監査プログラムにのっとって検証作業、テスティングを進める。準拠性テストや実証性テスト、プロセスチェックやギャップ分析など監査技術を効果的に活用し、評価作業を行う。監査担当者にとっての留意点は、タイムマネジメントである。担当する業務全体の監査項目数から割り出した、日々の評価作業の進捗には留意したい。往査期間内に万一やり残しがあっては、監査リスクが露呈してしまう。

往査期間中の監査チーム内ミーティングもまた重要な監査プロセスである。開催時間は、各自の監査業務が終了する夕刻が適当だが、事前に決めておくとよい。主題は、監査業務の進捗状況の把握であり、遅延する場合の阻害要因の確認である。重要な不備事項の有無やその内容の共有も大切だ。監査担当者ごとに担当する業務は異なるが、監査対象部門全体の統制環境に起因するケースもあるからだ。あとは指摘事項の真因の検討。基本的には各監査担当者が検出事項の原因分析等を行うが、チーム内での問題意識の共有や、経験の程度の異なるチーム編成の場合、知見の深い経験者の意見は大変参考となる。内部監査は、ともすると個人競技のように思われるが、チーム競技の側面も持っている。チーム全体の監督を行うのは、当然ながら監査責任者（ＡＩＣ）である。

最後は、監査最終日に開催する監査講評会である。英語では Exit Meeting という、これを出口会議と訳す本もあるが、ピンとこない。監査講評会や監査終了会議のほうが、まだしっくりくる。監査講評会の冒頭、往査協力への謝辞を忘れてはならない。日常業務で忙しいなか、プラスアルファーで監査業務への協力を仰いだことへの感謝の意思表示である。

監査対象部門の責任者が最も監査部門に期待するのは、自らの内部統制に対する第三者の評価結果である。無論、最終評価は後日社長と取締役会への報告の後となるが、緊張感の残る現場作業の最終日には、是非とも監査部門から仮総評は聞いておきたいものだ。口頭での仮総評の伝達、重大な欠陥の有無などが監査対象部門の責任者にとって最大の関心事である。

第22項

往査の成否のカギは監査責任者の手腕

監査責任者が往査期間中に留意する重要な役割のひとつは、事前に承認した監査プログラムの検証状況を把握し、評価作業の進捗を管理することだ。進捗管理の不徹底により、事前に通知した往査日程を安易に延期する事態を招いてはならない。

業務監査の事前準備では、予備調査の結果をふまえ、今回の監査の監査目標と監査範囲を決定し、個別監査計画書を作成する。各監査担当者が策定したリスクマトリクス表と監査手続きの監査プログラムの内容を、監査責任者は注意深くレビューし、承認する。

オフサイトでの事前準備が終了すると、次は監査対象部門での往査だ。往査に向けて、初日の集合場所・時間、持参資料、遠隔地の監査の際の宿泊先など監査担当者との詳細な打合せを行う。万一の場合を想定して、緊急連絡先のメモを確認する。往査期間が1週間などと短期決戦の場合、日程どおりの監査の進捗は必須である。

1997年に金融検査マニュアルが公表されるまでは、事務の正確性や完全性、人事、総務、経費といった規程への準拠性の検証などに重点が置かれていた、いわば〝検査〟の時代、往査期間における監査主任の行動には顕著な特徴があった。当時はまず、監査対象部門の責任者との面談を通じて、直近の業況をはじめ業務運営や人事管理等に関する情報を入手する。それが終わると、実際の業務管理者や一部担当者との人事面談を行う。結局、面談等で監査主任のほとんどの日程が消化され、監査チーム内の打合せもあることはあるが、情報の共有が徹底されるわけはでなく、監査担当者ごとの指摘事項の確認を行う程度であった。

いまや時代は、業務プロセスにおけるリスクを基調としたリスクアプローチの〝監査〟の全盛期である。監査では、往査期間のシナリオはこれまでとは当然異なったものとなる。特に、往査期間における監査責任者の役割と責任は重いものとなる。オンサイトでの監査責任者の役割は大きく次の4つである。

●限られた往査期間に効率的で実効性ある監査を実現する。
●当初計画・承認した監査プログラムが予定どおり進捗しているかを現場で管理、監督する。
●監査拠点の責任者、管理者から体制上の課題やコンプライアンスの遵守、管理状況などのさまざまな情報を入手し、監査チーム内で情報を共有する。
●往査期間内に発生した監査実施上の問題点の解決、重大な不正の発見時の報告、監査担当者の不慮の事態への対応、監査対象部門との争議・検査忌避などの対応など現場監査責任者としての指揮・指導力を発揮する。

特に重要な使命は2つ目の進捗管理だ。往査期間における監査責任者の指導力が監査の成否を左右する、といっても過言ではない。ここで、往査のシナリオに沿って、監査責任者の役割を簡単に振り返ってみよう。

初日の冒頭、監査責任者は監査対象部門長とのキックオフミーティングを主催する。ここで監査の目的や範囲を丁寧に説明し、監査期間における業務管理者、担当者の協力をあらためて要請する。監査自体がそもそも社内になじみのない新興の会社などでは、監査の実施に先立ち、リスクアプローチ監査の概要から説明する必要がある。内部監査部門の人間にとってごく当たり前の内容でも、監査を受けた経験のない監査対象部門にとっては聞き慣れない用語ばかりである。監査対象部門長の警戒心を少しずつほぐし、理解を求める努力をする。情報システム監査は特に要注意である。いわゆる業務監査は社内に浸透していてもシステム監査は初めての会社も少なくない。実は情報システム監査を実施する会社は意外なほど少なく、日本内部監査協会の「第19回監査総合実態調査（2017年監査白書）」では67・3％の実施率にすぎない。情報システム監査が評価の対象とするリスクは業務監査のそれとは当然異なる。そのため、監査対象部門長に対して監査の目的や対象とするシステムリスクの属性など、業務運営への影響を含め、わかりやすく説明することが効果的だ。

キックオフミーティングが終わり、検証作業に入る。このステージでの役割はどうか。監査担当者は事前に承認を受けたリスクマトリクス表や監査プログラムに則って、評価作業に集中する。監査責任者は全体の往査日程を勘案し、毎日、監査プログラムの進捗を確認する。また、業務現場の視察や通査の結果、事前に想定したリスクに加え、新たなリスクが認識されることもある。逆のケースもある。このような場合、監査責任者は監査担当者から依頼された監査プログラムの加除修正の正当性を現場で確認し、監査プログラムの追加承認を行う。業務分担した監査担当者全員の進捗を冷静に判断し、遅れが発生している場合には、状況に応じて流動的に担当範囲の調整を行う。当初設定した監査目的を確実に達成する。

往査期間中は、毎日、監査グループ内のチームミーティングを主催し、自らが聴取した監査対象部門の管理状況の問題点や課題などの情報を共有する。また各監査担当者が発見した不備事項の内容や発生原因などを積極的に討議する。

そして最終日には、監査対象部門長に対して監査講評会（監査終了会議）を開催する。

部門長にしてみれば、自らが管理責任をもつ内部管理態勢の評価結果をいち早く知りたいものだ。その要請を満たすのが、監査責任者の責任だ。重大な欠陥の有無、検出された不備事項や内部統制の仮評価などをコメントすることによって、その後の監査報告書の取りまとめ作業をスムーズに進行させる。最後に、往査期間中の面談、説明、会議室の貸与等監査業務への協力に対し、謝辞を伝える。

このようにリスクアプローチ監査において、監査責任者は重要な役割を担う。特に、往査期間中は監査プログラムの進捗を注意深く見守り、遅延の有無、情報の共有、監査対象部門との円滑なコミュニケーションなどに注力しなくてはならない。ここで手を抜くと、その後の監査報告等に重大な影響を及ぼすことになり、監査リスクが頭をもたげることとなる。

第23項

業務監査でのマナー違反は厳禁

　内部監査の業務は、内部監査部門と監査対象部門双方の協調なくしては成立しない。目標達成に向けた監査対象部門の内部統制のレビューを行い、脆弱箇所を改善に導くという相互の理解のもとの協働作業となる。監査対象部門の繁忙時間を配慮した面談や事前のアポイントメント、各種資料の閲覧や事務機器、会議室の借用など監査業務の遂行において、社会人としてのマナーの遵守は不可欠である。

　内部監査業務は、目標達成のために社内に整備・運用されている内部統制の有効性を評価するものだ。業務の遂行にあたっては、内部統制の構築に責任をもつ取締役会や最高経営者、さらには監督当局や外部監査などの定期的な品質評価を念頭に置く必要がある。評価の対象は、全社的なレベルから本部各部門、営業拠点など多岐にわたるが、内部監査業務は人事考課と異なり、業務管理者や担当者の活動姿勢や業務実績の優劣を判定するものではない。監査担当者が社内評価者としての立場を誤解、あるいは過剰に意識しすぎると、監査拠点との連携がうまくいかなくなることがある。

内部監査の保証業務は、リスクの低減を目指し内部統制を改善し、効率化を図るために行うものであり、ある意味内部監査部も監査対象部門も同じ目標をめざしている。現場の管理者は、常にリスクの大きさに見合った統制の強さを維持し続けるために必要な対策をとることが求められる。認識しているリスクに新たに加えるべきものはないか、業務環境や取扱商品の販売などこれまでのリスクの大きさに変化はないか、さらに担当者の異動や減員、非正規社員割合の急上昇、新たなシステムの導入等の変化があってもこれまで整備してきたコントロールで問題はないか。内部監査業務は、このような現場管理者のリスクやコントロールの現状認識を慎重に聞き出すことによって、より客観的にリスクの内容や程度に応じたコントロールの適切性を専門的な嗅覚で判定していくことになる。

それだけになおさらのこと監査業務では、事前調査で計画された監査目標を達成するために、監査対象部門との間に必要十分な監査マナーが守られることに注意を払いたい。不必要に相手の心証を損なう必要はない。言葉遣いや身だしなみで相手に不快な思いをさせたり、業務多忙な時間帯の面談設定、約束した時間を守らない、威圧的な詰問口調などはあってはならない。例えば、業務知識については現場の管理者や担当者のほうが細部にわたって詳しいのは当然であるが、監査担当者は予備調査で事前にリスクやコントロールの内容、業務のあらましを可能な限り把握、理解したうえで面談に臨む姿勢が必要だ。

また、期待した回答が得られないからといって、後日同じ質問を何度も繰り返すようなことは避けたい。メモをとるにも技術がある。質問しながらメモをとることはそれほどやさしいことではない。事前に、聞く要点を箇条書きにまとめ、フローチャートでわかりやすく図式化するなど限られた面談時間を効率よく使う工夫も必要だ。いずれも自分のテクニックにするためには相応のトレーニングが必要となる。現場で保管されている資料は社内文書や個人情報など機密文書であることが多い。コピーをとる際には、間違っても原資料を裁断、破棄してしまうようなミスは許されない。細心の留意を払いたい。また閲覧した内部資料類は、借りた相手に直接手渡しで返却するよう心がける。往査期間中は、借用した内部監査部門専用の会議室の施錠、整理、終了後の整頓などにも気を配る。

面談中の録音には特段の注意を要する。後刻の議事録作成のためや、聴取に集中したいという正当な理由があっても相手に断りもなく携帯録音機を使用するのもマナーに反する行為だ。面談の録音は、必ず事前に相手から了承をとり、万一了解が得られない場合はすぐにしまい、相手に無要な不信感を与えないようにする。

日本の金融機関でも内部統制の監視活動の目的が、事務手続きの遵守や正確性を中心とした「検査」から、業務の有効性を評価する「監査」へと高度化されてから、20年余りが過ぎた。本部や営業現場の責任者、管理者は以前とは比べものにならぬほど監査にも慣れる一方で、内部監査部門への要求水準も高くなってきた。なおさらのこと、内部統制の評価に基づく業務改善に役立つ効果的な内部監査を実施するためには、まずは最低限の監査マナーを身につけておきたい。

第24項 〝事実の集積〟と〝事実の評価〟

監査プログラムに則った関連情報の収集では、監査担当者は事実確認を確実に行い、漏れや誤解、自己満足に陥ることがあってはならない。往査最終日に行う監査講評会や監査報告書の作成段階で、事実誤認が判明すると監査の大幅な遅延を招くことになる。

往査では、事前準備の段階で作成したリスクマトリクス表と監査プログラムに則って、業務の現場で注意深くギャップ分析を行う。ギャップ分析は、さらに「事実の集積」と「事実の評価」の2つの局面に分けることができる。この両者は決して相反するものではなく、相互に関連する。

最初の「事実の集積」では、監査目標を達成するために、監査対象とされる業務プロセスの内容や業務体制の把握を行う。まず取引の全容を理解するために、通常事務手続きや業務マニュアルの精読や業務管理者のヒアリングなどから始める。ここでひとつ注意点がある。過去に当該業務の経験を有する監査担当者が、その経験を過信して、十分にこのステップを踏もうとしない場合、大きなリスクを負う。例えば、前回の監査から半年しか経っていなくても、その間に手続きが変更され、担当者も異動することはよくある。統制状況がすでに過去とは相違しているという事実を見過ごす愚は避けなければならない。まずは監査の初心に戻り、地道なステップを踏む。金融取引では融資の実行、経費事務や決算処理などあらためて監査対象の取引の流れを一通り確認する。その後、1~2件の実際の個別取引を抽出し、フロントやバックオフィスの業務現場での取引の処理の流れを視察、閲覧などで追っていく。必要に応じて、取扱依頼書や入力指示書、承認簿、コンピュータの出力帳票など監査に有用な資料のコピーを入手する。この監査手続きを〝ウォークスルー（Walk Through）〟と呼ぶ。このウォークスルーで、個別業務のプロセスの全容を確実につかむ。

次に、取引の正当性、適正性を確認するために、必要に応じてサンプリング技法を用いて、前回監査基準日以降の取引の処理結果のデータを積み上げる。そして、確認した事実を記録し、必要な証憑のコピーを入手する。ここまでが事実の集積作業となる。

第2の局面は、「事実の評価」作業である。監査担当者は専門職としての判断を行うために、集積された事実の有効性を評価しなければならない。ここでの注意点は、集めた情報や管理者から聴取した内容と監査担当者が理解したこととの不一致、不整合である。「そんなバカなことがあるか」と思うかもしれないが、現実にはよく起こる。理解の不一致は、結果として導いた評価自体が、情報や聴取内容と整合せず、最悪のケースでは実査のやり直しとなってしまうことになる。裏付が十分でない内容や勝手な思い込み、安易な評価は、厳に慎むべきである。

事実の評価には、一般に評価に足る監査証跡の量と質が重要となる。監査証跡の要件は、一般に〝十分性〟〝関連性〟〝信頼性〟〝有用性〟の4点である。評価にとって最初の3つの要件は特に重要である。〝十分性〟とは、業務に精通した人であれば同じ結論に達するほどに説得力がある客観的な情報を指す。客観性は内部情報より、外部の情報のほうが高い。〝関連性〟は、監査目的に合致し、往査での発見事項や改善提案を裏付ける情報で、監査目標に関係のない情報は有益ではない。〝信頼性〟は、的確でバイアス（偏見、先入観）がかかっていない情報を意味する。監査プログラムの各々の項目について、収集された情報がこれらの条件を満たしているかを、丹念に確認していく必要がある。そして、それらをもとにして業務プロセスの有効性を評価する。

情報は原則、監査の対象期間（前回監査基準日の翌日から今回の監査基準日まで）におけるすべての取引が監査の対象となる。しかし、監査プログラムで確認する項目は多岐にわたることが多い。一つの取引の有効性の確認に、多くの時間を費やすことはできないため、無作為抽出法などの統計的サンプリングや判断サンプリングが効果的な監査技術となる。

監査報告書作成の終盤の段階で、監査拠点の管理者や担当者に指摘事項の記載事実を否認されることほど、厳しいものはない。双六で〝あがり〟を目前にして〝ふりだし〟に戻る目を出してしまったようなものである。一つひとつの事実確認を慎重に行い、評価に反映させるための監査証跡の要件をしっかり頭に叩き込んでおきたい。

第25項

〝プロセスチェック〟の真髄

往査での代表的な監査技術に「プロセスチェック」がある。日本の内部監査人にはあまりなじみがない言葉かもしれない。プロセスチェックは特に米国の金融当局が検査官向けに指導する監査技法の一つとされる。監査業務には過去に自身が経験した既知の業務もあれば、初めて接する業務もある。いくら豊富な経験をもってしても、一人の内部監査人が経験する監査対象の業務の種類や数は、たかが知れている。まして監査の対象は、年々増加する傾向にある。会社法の改正を経ていまや自社単体レベルではなく、グループガバナンスが経営者に強く求められる時代である。国内、海外を含む多様な子会社や業種の異なる子会社もある。さらに社内業務を外部委託する場合は、それらも監査の対象となる。
そこで、業務のサイクルにあわせた、往査でのプロセスチェック技法が活きてくる。それほどむずかしいテクニックではなく、知っている者にとっては実に効果的な手法となる。ただし、一つ留意事項がある。リスクアプローチの観点から、それぞれのステップの手続きの背景には、必ずリスクが想定されているということだ。プロセスチェックでは、そのリスクの内容を思い描いて、監査手続きを進める必要がある。単なる統制の有無や表層的な準拠性の検証ではないのである。

プロセスチェックには、次の5つのステップがある。

1. 規程・ルールの存在の検証・評価
2. 規程・ルールの周知徹底状況の検証・評価
3. 規程・ルールの定着状況の検証・評価
4. 規程・ルール遵守の監視状況の検証・評価
5. 規程・ルール違反への対処の検証・評価

ここでいう規程・ルールは、単に業務関連の事務手続きやマニュアルだけではない。総務部や経理部、事務部といったバックオフィスやリスク管理部、コンプライアンス部などのミドルオフィスでは、規程・手続きがどういうものかイメージがしやすい。しかし、経営企画部、情報システム企画部、商品企画部などの企画本部や資金部、営業法人部などのフロントオフィスの場合、「規程・手続き」といわれてもピンとこないかもしれない。そういう場合は、規程・手続きを（運営）方針や（実行）計画などと読み替える。そうすると、プロセスチェックの有効性の幅をさらに広げることが可能となる。

それでは、順に説明していこう。初めのステップは、規程・ルールの存在である。具体的には、(1)どういう規程・手続き、マニュアル類が存在しているかの確認、そして、(2)これらの規程等は社内で承認され、定期的に更新されているか、の2点を評価する。これらがなぜ必要とされるのか。すなわち、該当業務を遂行する基準が承認されたかたちで、最新の状態にあることを確認する。もし、そうでない場合のリスクは何か？　業務管理者のなかには、「それらが整備されていなくとも、業務は回っているので問題ない」と主張する人もいるかもしれない。しかし、そのような状態で業務の正確性や継続性、ひいては業務の信頼性が担保される条件が揃っているといえるだろうか。これまでは問題なくても、将来にわたって絶対にそれらのリスクが顕在化しない保証はない。業務の安定性を確保するためには、この第1ステップは統制上、欠かせない要件である。

第2のステップは、規程・ルールの周知徹底状況の評価である。具体的な監査手続きは、(1)承認された正式な規程等を、関係する職員へ周知徹底する仕組みが社内に構築されているか。(2)その仕組みに基づき、周知徹底は継続的に図られているか、を評価する。さも当たり前のフローではないかと思う読者もいるかもしれない。しかし、このステップがなければ効果的な統制の運用は期待できない。ここで想定されるリスクは、業務処理の統一性、正確性の毀損である。担当者への周知が社内で十分に図られていない場合、担当者ごとに拠り所となる手続きが異なり、結果的に事務の信頼性低下につながる。この第1と第2のステップは、現場で遂行される業務プロセスの整備状況の評価を意味する。

第3のステップは、規程・ルールの定着状況である。(1)各業務は制定された規程等どおりに実施されているか。(2)規程等に記載されていない例外的な取引、未承認の異例扱いはないか、を検証し、評価する。業務の現場では、必ずしも手続きどおりに処理が行われるとは限らない。イレギュラーな取扱いが発生した場合、部署の責任者の承認や、所管本部への特認申請を要する事案もある。往査ではこれらの取扱いの有無と正当性を調査する。

このステップで、内部監査人が特に注目するのは、規程等の中身である。通常、規程等に定められる内容には2種類ある。一つは会社が顧客の信頼性を確保するために設定した統一的な事務手続きであり、もう一つは処理の背景にある法令業法等を反映したものである。例えば、個人情報保護法への対応では全社的な厳格な近年はマネー・ローンダリングおよびテロ資金供与対策や手続き本人確認・取引確認と個人情報の所得・保管手続きが求められる。第1ステップで規程等のレビューを行う際に、内部監査人は注意深い視線でこの重要な手続きの記載漏れを見逃さない。監査の本質を知る内部監査人は、リスク管理上留意する箇所に付箋をつけるなどの工夫を施す。

第4のステップは、責任者による規程・ルールの遵守の監視状況である。監査手続きは⑴責任者が日常的に規程・ルール等が遵守されているかを、どのようにモニターしているか。⑵そのモニタリングは効果的で有効に機能しているか、を評価する。この業務責任者によるモニタリングは、内部統制の監視活動の日常的なモニタリングに該当し、第1ディフェンスラインである営業現場の重要なリスク管理上の職務となる。内部監査人が注意したいのは、このステップの欠如が、指摘事項の〝原因〟を成すことが多いことである。

この第3と第4のステップは、業務プロセスの運用状況の評価を意味する。

最後の第5ステップは、規程・ルール違反への対処状況である。有効な監査手続きは、(1)事務事故や不祥事が発生した場合の対応策やコンティンジェンシープランは構築されているか。(2)事務事故や不祥事の報告ルールや罰則規程は策定されているか、である。これは、単なる事務手続きの誤謬やヒヤリハットのレベルではなく、会社にとって顧客やステークホルダー等に影響を与える事象が発生した場合の体制状況を評価する。このステップは、不備事項の是正措置の対応等に関連する。

図表12をご覧いただきたい。これは、以上のプロセスチェックの基本を、社内コンプライアンス管理体制の有効性の評価に応用した検証手続きである。基本の5つのステップを管理体制の検証用に読み替えたサンプルである。監査業務においてプロセスチェックの応用範囲はかなり広いことがわかる。内部監査人の専門的な監査技術の応用範囲を広げる意味でも、是非とも覚えておきたいアプローチである。

（図表12）プロセスチェックのステップと検査手続き

	プロセスチェックの5ステップ	検証手続き	
I	コンプライアンスに係る“規程・C/Pの存在”の検証・評価	●コンプライアンスに係る規程、C/P、マニュアル類の存在を検証する。 ●これらの規程類は承認され、定期的に内容が更新されているかを評価する。	整備状況の評価
II	コンプライアンスに係る“規程・C/Pの周知・徹底”状況の検証・評価	●コンプライアンスに係る規程、C/P等を役職員へ周知徹底する仕組みが構築されているか。 ●その仕組みに基づき、周知徹底は継続的に図られているかを評価する。	整備状況の評価
III	コンプライアンスに係る“規程・C/Pの定着”状況の検証・評価	●各業務活動はコンプライアンスに係る規程、C/P等どおりに遂行されているか。 ●規程、C/P等を逸脱した行動や例外的な取扱いがないかを評価する。	運用状況の評価
IV	コンプライアンスに係る“規程・C/Pの遵守の監視状況”の検証・評価	●責任者は日常的に役職員がコンプライアンス規程等を遵守していることをどのようにモニターしているかを検証する。 ●そのモニタリングは効果的で、有効に機能しているかを評価する。	運用状況の評価
V	コンプライアンスに係る“規程・C/P等違反への対処”の検証・評価	●コンプライアンスに違反する行為・取扱いや不正等が発生した際の対応策やコンティンジェンシープランが整備されているかを検証する。 ●コンプライアンスに違反する行為・取扱いや不正等の報告ルールや罰則規程は作成されているかを評価する。	

第26項

往査の王道〝ギャップ分析〟

内部監査の保証監査（アシュアランス業務）における往査では、想定リスクを低減するために実施されるべき統制（コントロール）（これを〝To be〟という。）と業務の現場で実際に実施されている運用手続き（これを〝As is〟という。）の両者の比較を行い、その差異の有無と大きさで有効性の評価を行う。これが〝ギャップ分析〟である。ほぼすべての保証監査がこのギャップ分析を基本とする。

ここでは、ギャップ分析の理解を深めるために、本部部門の業務監査を例にとりながら説明しよう。図表13をご覧いただきたい。

経営企画部や財務部、総務部、人事部など本部部門は例外はあろうが、リスクを基調とした本部組織用の詳細な業務マニュアルが整備されているわけではない。そのため、本部組織へのリスクアプローチ監査の場合、惹起されうるリスクを事前準備の段階で監査担当

（図表13）往査でのギャップ分析と判定方法

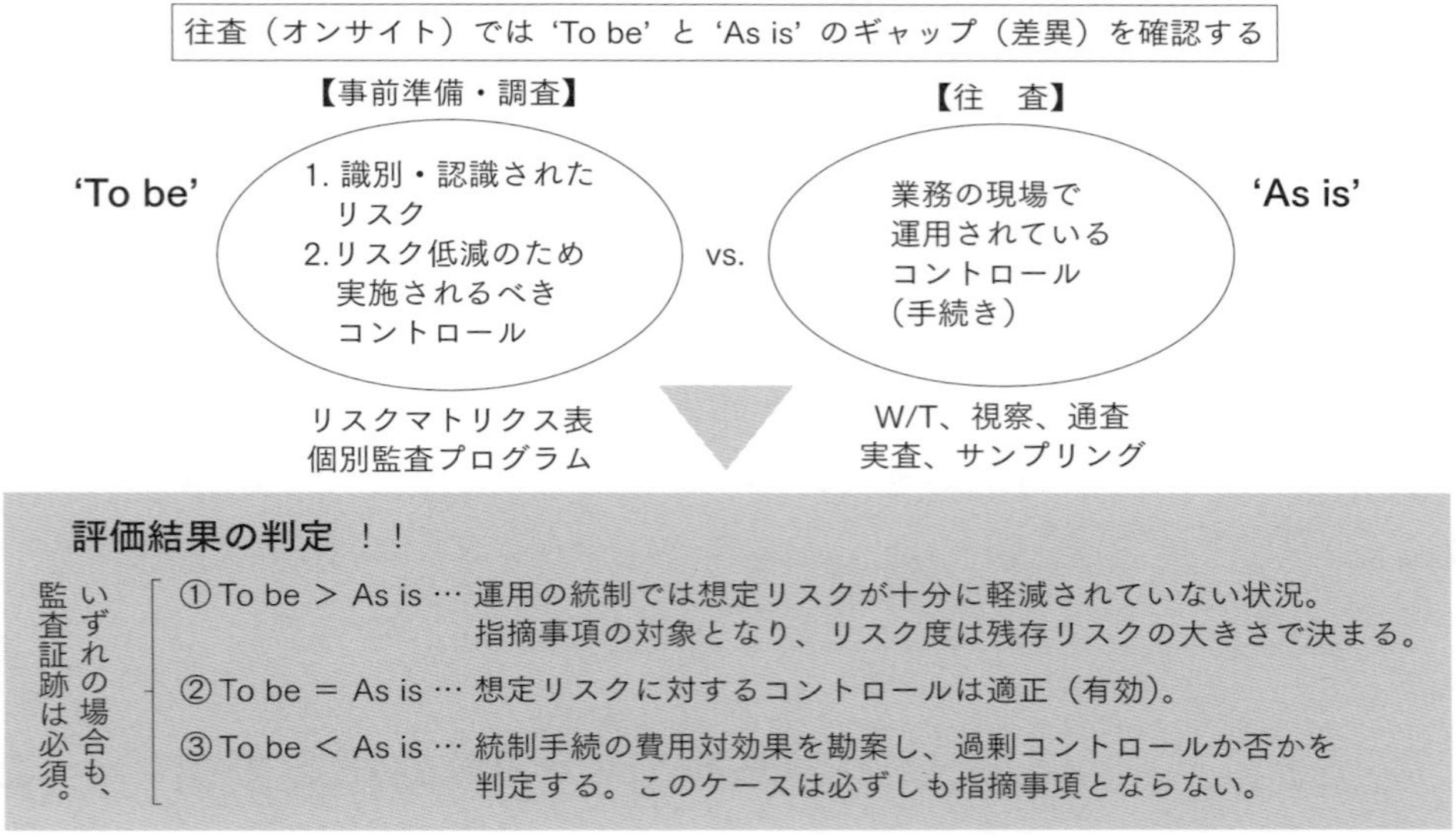
往査（オンサイト）では‘To be’と‘As is’のギャップ（差異）を確認する
【事前準備・調査】
【往　査】
‘To be’
1. 識別・認識されたリスク
2. リスク低減のため実施されるべきコントロール
vs.
業務の現場で運用されているコントロール（手続き）
‘As is’
リスクマトリクス表
個別監査プログラム
W/T、視察、通査
実査、サンプリング
評価結果の判定　！！
いずれの場合も、監査証跡は必須。
① To be ＞ As is … 運用の統制では想定リスクが十分に軽減されていない状況。指摘事項の対象となり、リスク度は残存リスクの大きさで決まる。
② To be ＝ As is … 想定リスクに対するコントロールは適正（有効）。
③ To be ＜ As is … 統制手続の費用対効果を勘案し、過剰コントロールか否かを判定する。このケースは必ずしも指摘事項とならない。

者自らが想定し、リスクを軽減する有効なコントロールを検討する必要がある。そして具体的な確認手続きは、個別監査プログラムを作成していく。

まず、準備の段階として、予備調査で監査対象部門の現状を調査・分析し、取扱い業務ごとにどのようなリスクが懸念されるか、あるいはすでに顕在化しているかを把握し、リスクマトリクス表にリスクの内容をまとめる。リスクマトリクス表には、リスク内容ともう一つ重要な記載事項がある。それはリスクを低減するために実施されるべき統制、つまり管理状況の内容だ。この情報がギャップ分析では重要なカギとなる。監査プログラムは、リスクマトリクス表の各リスクと紐付けされた具体的な監査手続きを記載する。リスクマトリクス表と監査プログラムの2点が、往査における評価作業で重要な情報となる。

往査の業務現場では、通常社内で制定された各種事務規程等にのっとって、業務責任者の管理のもと、日常業務が遂行されている。保証監査のギャップ分析は、監査担当者の想定したリスクコントロールの内容と業務現場の運用を比較評価することになる。その意図は、想定されたリスクが業務運用サイドで確実に低減されるレベルにあるかを判定するためである。言い方をかえれば、業務の運用結果で十分に残存リスクが許容の範囲内に収まっているかをみる。許容範囲の程度によって〝有効〟か〝不備〟を判定する。不備と判定した場合は、残存リスクの経営への影響の大きさで〝高・中・低〟のリスク度が決定される。

では、営業拠点検査等でよくみられる準拠性テスト（コンプライアンス・テスト）のケースはどうか。例として、金融機関の営業店における貸金庫業務の監査をみてみよう。通常、金融機関では、事務部等の所管本部が、貸金庫を設置する営業店向けの共通の事務手続きを定めている。事務手続きは、窓口での申込受付、申込者の本人確認、必要書類の徴求、契約書の保管など事務処理の正確な遂行や、効率性を念頭に置いて作成される。同時に、関連する法令やマネー・ローンダリング等の法務リスクやオペレーショナル・リスクなどを最小限に抑えることを目的とした事務要領ともなっている。この営業拠点監査のギャップ分析では、実施されるべき統制（〝To be〟）は、所管本部が制定した「貸金庫事務マニュアル」で、一方、〝As is〟は営業拠点の運用状況である。ギャップ分析はこの両者を比較評価し、その差異を判定する。すなわち、貸金庫事務手続きへの準拠性の程度を評価することになる。監査担当者は、貸金庫マニュアルに則って営業拠点の貸金庫業務の監査を進める。監査の効率化を促進するためには、検査点検書やチェックリスト等の汎用監査プログラムを活用してもよい。事務手続きの遺漏やミスはあるか、手続きを逸脱した例外処理はないか、異例処理は所管本部または支店長の事前承認を取得しているか等を検証していく。このように、事務手続きに則ったギャップ分析では、事前準備の段階で貸金庫業務に係るリスクや想定した実施されるべき統制の内容を監査担当者自ら考えることは必要とされない。

最後に、これらギャップ分析実施後の評価の判定はどうするか。前掲図表13の下段にまとめてみた。3通りの算式で表現しているので、説明しよう。

①のケースは、監査担当者が予備調査で想定したリスクが、業務現場の運用態勢で軽減されるリスクより大きいことを意味する。つまり現行の運用では十分にリスクが軽減されていない状況を表し、指摘事項の対象となる。

②のケースは、現行の運用で想定されるリスクがほぼ軽減されており、特段改善は要しないことを意味する。したがって、業務プロセスの評価結果は〝有効〟となる。

③のケースは、現状の運用状況が非常に精緻に遂行され、想定リスク以上の丁寧な業務運営を意味する。リスク管理の観点では不備とは認められないが、業務処理には過剰統制も存在する。費用対効果の観点で改善を要すると監査担当者が判断した場合は、指摘にと

どめてもかまわない。

このように、往査は、事前に取りまとめたリスクの種類と内容、およびリスクに対するあるべきコントロールを基準として、実際の運用状況との〝ギャップ〟（差異）を確認することが主たる業務である。差異を認めた場合は、改善を要する不備事項とし、差異の程度、すなわち残存リスクの大きさによってリスク度（重要度）を決定する。このギャップ分析を可能とするために、監査担当者はまず監査対象部門のリスクをまとめたリスクマトリクス表に慣れる必要がある。保証監査は事前準備の精度が監査の品質を決定する、といわれる。往査期間より事前準備に時間を要するのはそのためである。

第27項

ヒアリング（面談）の極意

往査におけるヒアリングを決して侮ってはいけない。ただ単に時間内に話を聞けば良いというものではない。そこには必ず守るべき手順と手法がある。裏返せば、ヒアリングの役割分担や聞く技術、作法を習得し、記録を効果的にとることができれば、往査の第一歩は成功したと考えてよい。

往査では、情報収集や整備および運用状況の聴取、そして業務実態の事実確認など目的によってさまざまなヒアリングをするが、言うまでもなく監査における面談は取り調べではない。業務執行部門から独立した立場ではあるが、同じ会社の同僚社員として、企業の目標を達成するために内部統制を是正し、改善をめざすという姿勢に違いはない。面談相手を詰問するような言葉遣いや上から叱責するような態度は、監査対象部門の管理者をいたずらに警戒させてしまうだけで、厳に慎むべきである。また、ヒアリングは業務プロセスを評価するものではなく、内部監査人が監査対象の業務プロセスを理解するために実施するものである。監査対象部門のそれぞれの業務プロセスが、何を目的に、どのような手続きで行われているのか、その際に遵守しなくてはならない規程、法令は何かなどについて直接、業務管理者や責任者から具体的な詳細を聴取することで、現場で行われていることについての確かな情報を得るためのものである。

ここでは、代表的なヒアリング技術の基本と効果的な技法を説明する。適切に業務プロセスの評価へと監査ステップを進めていくことによって、有効な監査を実現していきたい。それがヒアリングに潜む監査リスクを、顕在化させない技となる。

ラポール（rapport）を確立せよ

ラポールとは、相互を信頼しあい、安心して意見交換を行える人間関係を意味する。もともと臨床心理士とクライアントとの信頼関係を示す心理学用語だが、監査業務のヒアリングでも非常に重要な要素である。通常、面談の多くが初対面同士で行われる。面談を受ける者にとっては、相手が監査部門の人間というだけで必要以上に緊張し、警戒するものである。そこで監査する側は、相手の緊張感を和らげ、無用に対立することのないよう、面談の入り方に気を配る。冒頭に監査とは関係のない、例えばＭＬＢの大谷翔平の活躍やマスターズ優勝の松山英樹などスポーツの話題や一般的な社会のニュース、趣味などなにげない会話をすることで、相手の力みが抜ける。何事もそうだが、面談も初めが肝心である。

事前にストーリーを描く

これは、ヒアリングを誘導尋問の方式で進めることではない。事前に箇条書き等で聴取する内容や項目を整理し、準備を怠るなということである。業務担当者がヒアリングに割ける時間は限られている。極力効率的に聞くべき、確認すべき内容をあらかじめまとめたうえでヒアリングに臨みたい。その場の流れで質問を変えていると、往々にして聞き漏らしが起こる。面談での質問のストーリー性をイメージして、行うことが大切だ。ニューヨークで同僚だった米人のインターナルオーディターは、用意周到な手元メモをみながら、確認事項を起承転結のストーリーに沿って質問する。そして、業務管理者の説明を文字ではなく、メモにフローチャートで記録する手際の良さに、強烈なプロ意識を感じたことをいまでもよく覚えている。

事実を確認せよ

内部統制における評価作業は、監査基準日における業務プロセスの整備および運用状況について現場管理者から十分な説明を受け、そのうえで証跡をもって内容を検証する。検証結果が、現状のコントロールで想定されるリスクを十分に軽減していれば良し（有効）、改善を要するレベルであれば不備事項として、評価する。これがヒアリングの主たる目的だ。要約すれば、ヒアリングは〝事実を確認する〟ことが目的となる。業務責任者の口頭説明には、時として当人の意見や主観的願望、憶測などが交錯することがある。監査担当者には、説明内容から重要な客観的事実は何かを聞き分ける能力が必須である。監査の後工程で面談相手から〝ちゃぶ台返し〟されないよう、事実を正確に聞き取り、それを裏付ける証憑を必ず入手しエビデンスとする。そのプロセスがあってこそ、ヒアリングの価値が活かされることとなる。間違ってもヒアリングのみで評価を完結させるような愚は避ける。それは監査ではなく単なるインタビューを意味し、ヒアリングとインタビューを混同してはならない。

〝沈黙は金〟

監査担当者は業務内容についてどんなに詳しくても、自ら説明を行い、面談相手の相槌をもってヒアリングを進めるべきではない。特に、監査対象部門の業務に詳しい監査担当者が陥りやすい落とし穴がある。それは自問自答、あるいは一人芝居を演じてしまうケースである。自分で質問し、自ら答え、相手に納得させる過ちだ。人事異動で内部監査部門に配属される者の経歴はいろいろだ。コンプライアンスやリスク管理部門のミドルオフィス、あるいは事務、人事、総務、情報システム部門など企画管理部門やバックオフィスからの異動もある。まれではあるが、営業部門から直接内部監査部門に配属されることもある。前歴で培われた業務経験や知識が邪魔をして、内部監査業務の立場を逸脱してしまうことがある。ヒアリングはいくらその業務プロセスや管理体制に長けていても、決して監査担当者からしゃべってはいけない。聞き上手に徹する。もちろん、面談の目的の説明やヒアリングで口火を切ることは監査担当者の役割だが、問題は、その後の対話である。監査担当者自らかつての業務経験から、「あの手続きはこうだったよね」「確か主任が事前にチェックし、責任者が承認しているね」「このはずだけど、業務フローが変わっているところがあれば説明して」などなど。なかには、事前に自身でまとめた業務フロー図を披露し、管理者に内容を検証してもらおうとする者まで見受けられる。勘違いもはなはだしい。

監査担当者は、ヒアリングの面談では〝沈黙は金〟を肝に銘ずる。そこでは話し上手は必要なく、聞き上手を貫く。期待する事実を表す説明があるまで辛抱強く、相手に時間を預ける姿勢が、適切な評価につながることとなる。

面談は二名が原則

面談は、基本的に1対1を避けるべきである。言った言わない、説明内容を誤解する、正確に理解していないなど後日の不要なトラブルを避けるために、監査する側は、聞き手と記録係の2名を原則とする。1人は監査対象の業務プロセスのコントロールの状況を聴取し、もう1人はそのメモを取るという役割だ。極力この分担を守るようにする。記録係がまったく質問してはいけないということではないが、2人が1人の業務管理者を相手に一方的に攻め立てるのは避けたい。ゆえに、1人はメモ取りに徹する。メモは監査プログラムの項目ごとに記録すると、後で整理しやすい。面談中にメモを取る場合、与えられたすべての情報や会話を書き取る時間的余裕はなく、その必要もない。重要な事実だけでよい。キーとなる「単語」や「フレーズ」があれば書き留めておく。説明者の言葉を直接引用した箇所にはカギ括弧などを付けると、後でわかりやすい。面談メモは、後日説明者に再確認するときに効果的な場合がある。特に、重要事項や評価の基点となる重要な事実を含む場合は、そのぐらいの用意周到さが求められる。

面談の録音に注意

面談内容を録音したい場合は、必ず〝事前〟に相手の了承を得る。現在ではUSBやキーホルダータイプの安価で小型なものもある。かといって、無断で録音することは後日訴訟問題にも発展することがあるので、監査担当者は注意を要する。また、面談前に首尾よく相手の了解を得られた場合でも、録音機器はこれ見よがしに相手の眼前のテーブルの上には置かず、静かに内ポケットに手を入れ、スイッチオンするぐらいの洗練さを心がけたい。

開かれた質問 v.s. 閉ざされた質問

面談での質問の仕方には2通りある。〝開かれた質問（オープン・クエスション）〟と〝閉ざされた質問（クローズド・クエスション）〟である。前者は聞きたい内容に関し、具体的な説明を求める質問方法であり、後者は質問に対して「はい」「いいえ」で答える質問の仕方である。ヒアリングではこの2つの方法をうまく織り交ぜて、効果的に活用する。まず、ヒアリングの初めの段階では相手に詳細な説明を求めるので、開かれた質問から入る。監査担当者はリスクに対するコントロールの状況の把握が目的であり、業務現場で実際の統制がどのように行われているかを漏らさず聞き出す技術が必要となる。具体的には「何を検証していますか…」「どのように…」といった聞きかたである。業務管理者から一通りの説明を受けたあとで、質問の締めくくりに閉ざされた質問で、監査担当者自身が理解した内容の最終確認を行う。その際の質問は、「はい／いいえ」（YesかNoか）「正／誤」の二者択一の答えを期待する内容とする。開かれた質問で詳細を聞き取り、閉ざされた質問で自身の理解の正しさを検証する。監査担当者はこれらヒアリングの基本をマスターし、決められた時間に効率的な往査での評価作業を進めたい。

最後に、ヒアリングでの監査リスクに触れておきたい。最たるものは「事実誤認」の発生だが、その原因は、⑴ヒアリング内容の裏付け資料が不十分、⑵閉ざされた質問による再確認を省いたことによる監査担当者の思い込み、⑶証憑や聴取内容と評価結果の不整合、そして、⑷期待聴取や期待観察で監査担当者が墓穴を掘る、などがある。期待聴取や期待観察はどちらも監査担当者が事前に予見を持ち、それを証明することのみの限定された事実の聴取や証明資料を求める行為をいう。

ヒアリングは大事な往査の第一歩であり、ここで説明したようなさまざまな技術がある。

専門職の監査担当者として、これらを効果的に活用し、自身の技量と監査の品質の向上をめざしてほしい。

第28項

不備事項の真因を探るハイテクニック

内部監査担当者の監査目線が高いほど、組織体の運営に対する監査の価値が高まる。監査目線は、監査担当者が現状分析をする際の、視点の深度ともいえる。よく、最高経営責任者や取締役会への監査報告で、監査部門が説明する指摘事項に対して「判明した事実はわかった。では、なぜそれが起こったのか。本当の原因は何なんだ?」といった厳しいご下問がなされることがある。今回業務監査で検出された1件の事象が、組織内の他部門で負の連鎖として伝播することを懸念する経営者は多い。そのため、内部監査部長は不備の原因究明に慎重になりがちである。

監査目線が低い指摘とはどのようなものであろうか。それは、業務態勢の脆弱性の本質を追求することを避け、皮相的な指摘に終始することを指す。具体的にはもぐら叩き（的指摘）や（誤りの）落穂拾い、重箱の隅つつき、氷山の一角、指差し確認（規程の表面をなぞる）、ハウスキーピング（部屋の清掃）などである。つまり単純な業務ミスや取るに足らない箇所に注目する、規程の軽重を考えることなく一つずつ遵守状況を点検する、それ以上踏み込むことはない。最後のハウスキーピングは、筆者がニューヨークで内部監査業務に従事していた当時、州銀行局から転職したマネージャーが個別監査のつど、担当内部監査人に注意していた言葉である。氷山の一角に目を奪われることなく、水面下に潜む真の状況を把握し、原因を突き詰め報告し、改善を促すのが内部監査の仕事である。さらに、監査目線の低い改善提案とはこれら指摘の裏返しの是正措置であり、原状回復できればそれでよしとする。それは不備事項を単に修正するだけの内容のため、何ら拡張性もなく、例えば他部署で類似事象の発生を防ぐことにつながらない。

では、なぜ不備が生じたのか、真因を突き止めるべく、監査目線を上げる方法を5点、順に説明する。それぞれ具体的な監査手続きとして身につけ、ぜひとも監査の現場で活用していただきたい。

1．プロセスチェックの5段階のステップでどの部分が機能していないか、有効でないかを判定し、該当する統制の脆弱箇所の是正をうながす。
2．統制の不備は、業務プロセスの整備と運用のどちらの問題かを整理・分析し、評価する。組織・規程等の体制の整備状況が不芳の場合、運用面にもその影響が出るので留意する。業務プロセスの不備には原因と結果の双方があり、結果すなわち運用だけを修正しても、その効果は限定的である。
3．不備事項がなぜ発生したか、業務責任者へ「なぜ、なぜ、なぜ」と最低3回質問を繰り返し、真の原因を突き止めて改善提案を行う。
（直接的な原因が〝X〟と説明を受けたら、なぜXが起きたかを問う。実はYが裏の理由と釈明されたら、なぜYが修正されなかったのか、態勢上の課題を検証する。最終的に真の原因であるZを究明する。）
4．監査担当者として不備事項が発生する要因について、①組織・体制、②業務プロセス、③人的課題の3つの側面から検討する技術を身につける。例えば、組織・体制は権限や責任体制、業務分掌、企業文化、倫理等であり、業務プロセスは手続きやモニタリング、そして人的課題は人的資源の数や専門性、教育等の側面を丁寧に解明していくことで、真因にたどりつけるはずである。

5．準拠性は実施されない事実を持って指摘し、単に実施を促すのではなく、実施されないことで露呈するリスクを明確にし、実施方法の有効性を指摘し、改善提案する。

往査で一つひとつの検出事項について単なる事象の表層面の彌縫で終わらせることなく、鋭い洞察で事象の背景を掘り下げることによって、内部統制に潜む深部の亀裂を探り出す。しかし、それを可能とするには、十分な監査時間の確保が重要な要素となる。例えば、予備調査も不十分な状態でリスクが特定されないまま過重な項目数のチェックリストだけを頼りに、しかも監査日数がきわめて短期間に限られた監査プロセスでは、緻密な分析は到底期待できない。

監査担当者の状況分析の引出しの多さが、多面的な評価を可能とし、同一あるいは類似事象の発生を抑止する。それらの監査技術を内部監査部門の資産として共有することで、部門全体の監査品質が確実に向上する。その結果として、社内における監査部門のプレゼンスが上がり、経営目標の達成に資する内部監査への価値意識が醸成されていく。

第29項

有効性の評価は〝証跡主義〟が鉄則

監査対象の業務プロセスが〝有効〟か〝不備〟かの判定は、いずれの場合もそれを保証する証憑の確保、すなわち〝証跡主義〟が基本となる。

筆者が監査責任者として、往査終了後に作成された監査調書のレビューを行ったときの経験だが、新任の監査担当者の作成する監査調書には大きく2つの特徴がある。

1つ目は、監査調書を読む限り、想定されるリスクに対するコントロールが適切で〝有効〟なのか、あるいは何らかの脆弱性を認め改善を要する〝不備〟かが、はっきりしないことである。そのため証憑類で評価結果の正当性を確認する。保証監査の検証調書（テスティング・ファイル）は、監査報告書の裏付となる重要であり、監査プログラムに則って実施した監査対象部門の組織体制や業務プロセスの有効性や効率性の検証結果の証憑類をまとめた文書である。レビューでは検証調書にファイルされるそれら証憑類と監査項目の関係が、第三者が見てもわからない。

業務管理者へのヒアリング、書類の通査、業務処理現場の立ち会いなど実査した内容は監査プログラムに記載されているが、事実に対する監査担当者の〝評価意見〟が適正に書かれていない。厳しめにいえば、これでは監査を実施したことにはならない。監査担当者を呼んで説明を求めると、確認した過程や内容は述べるが本人の評価の結論にあると歯切れが悪い。内部監査の保証業務は、事実を確認、検証したうえで〝評価〟を行い、結果を報告し、改善された後にそのフォローアップを行う一連のプロセスだ。調べ上げた諸々の事象に対して、監査担当者は業務プロセスの有効性に対する評価コメントを必ず記載しなくてはならない。評価なくして監査の実効性は満たされない。

2つ目は、監査調書に記載された事実を裏づける証憑が曖昧なケースが多い。往査現場での視察や資料の閲覧、サンプリングなどで収集された情報をもとにして、それなりの結論が記されているが、評価するに至った重要な事実の証左が具体的に明記されていない。あるいは証憑自体がなぜか監査調書に残されていないケースがある。これでは検出された事実が、真実かどうかを第三者に説明できない。内部監査のアカウンタビリティ（説明責任）は、証左をもってはじめて果たせる。実際、監査担当者が不慣れなため検証に予想以上の時間を要し、監査日程に追われ、十分な確認をすることなく独り善がりな解釈や事実誤認をしてしまうことは決して珍しいことではない。不正調査と同様に、内部監査活動は地道に証跡を積み上げていく努力が求められる。ヒアリングを実施した議事録だけでは証左にならない。

また、一つの保証監査で作成される監査調書は膨大な量となる。監査担当者1人でも5cm程度のファイルが少なくとも2〜3冊はできる。内部の品質評価の一環として、監査責任者は監査調書の内容を事後的に点検するが一つひとつの監査項目に対する事実や評価コメントの正当性を証跡文書で確認することは、レビューする者にとって大変負荷のかかる作業だ。このレビューを効率的に進めるためにも、証憑を確実に確保し、記録を残す監査担当者の技量が問われる。

個別監査を実施するうえで、監査担当者はまず保証業務の意義をよく理解することが大切だ。監査担当者の有効性の〝評価結果〟が不明瞭な業務監査は、実施した価値がない。経営者が内部監査部門に期待するのは、モニタリングの結果としての評価内容だ。監査を担当する者は、発見した事実に対する自身の評価結果を裏づける証跡を必ず取得し、監査調書に残す。〝証跡主義〟は監査業務の基本中の基本といえる。

第30項

指摘事項の〝出し惜しみ〟は禁じ手

監査担当者が往査期間中に発見した不備事項は、事実確認の後、可及的速やかに監査対象部門の業務管理者に対してその内容を伝える。個別監査のスムーズな進行を促進するため、特に終盤での指摘事項のサプライズ（不意打ち）は避ける。サプライズで喜ばれるのは、誕生日プレゼントだけである。

監査担当者にもよるが、往査期間中に判明し改善を要する検出事項を監査対象部門へタイムリーに伝えることが苦手な者がいる。極端な例では、最終的に監査報告書が発行された段階で、初めて監査対象部門の責任者が指摘事項を知ることがある。監査報告書に記載された指摘内容が、事前に両者で合意がとれていなかったようなケースでは、トラブルに発展する恐れがある。

そもそも内部監査は、運営態勢や業務プロセスの有効性を評価することで、業務の効率化をうながし、改善するために行うものである。そのために監査対象部門との連携が必須であることは論をまたない。監査担当者が、リスク管理上問題であると認識した発見事項を最後まで相手に開示しようとしない姿勢は、いたずらに監査対象部門に対する不信感を招くだけでなく、その後の監査への協力を得ることを困難にしかねない。

監査担当者の内部統制に対する嗅覚は、監査業務を通じてリスクやコントロールへの感性が日頃鍛えられているために、現場の業務管理者より鋭いのが普通である。業務管理者との認識を一致させるために、この統制下では想定されるリスクが顕在化する可能性や、潜在的なリスクが存在すると監査担当者が認識した事象は、事実の証跡を確保した後に、速やかに監査対象部門に対してその事実と内部監査人としての意見を伝えることが望ましい。

軽微な間違いや事務ミスであればその場で修正すればすむことが多いが、影響範囲が広かったり、内部統制への重要性が高いと判断されるときは、発生事由や現場管理者の対応などについて、さらに詳細な調査が必要になることもある。例えば、事象が例外取引で事前に承認されたものなのか、あるいは事務手続きを逸脱した結果なのか。いずれにしても、発見事実が業務管理者による日頃の管理の想定外の結果なのか、それとも業務プロセス自体の欠陥かの判定はしなくてならない。そのための方策として、監査担当者1人で判断せず、日々の監査チームの打合せ等で事象発見の経緯を共有したうえで、対応を検討することも安全な策といえる。

監査対象部門に伝える際には、適切な方法とタイミングを考える必要がある。方法としては、口頭での説明や書面の交付、あるいはイントラネットでのメールでのやりとりが考えられる。監査対象部門のオフィスの場所にもよるが、一番効果的で確実な方法は、往査期間中の監査現場での直接の口頭による説明である。対面で発見事実や証跡・関連資料などを示しながら説明でき、業務管理者の反応を観察したり、意見も聞くことができる。書面の交付は表現の仕方によっては相手に誤解を与えたり、回答の受領まで時間がかかることもあるので留意する。遠隔地の場合はイントラネットの活用が有効だが、欠点は現物を添付できない場合、説明力に欠ける場合もある。

最も堅実な方法は、口頭説明で業務管理者の同意を得られた後に、先方の回答を書面で受領するやり方だ。これは相手の言質を文書で取る結果になる。その際に有効手段となるのが、「個別監査指摘票」だ。図表14を参照いただきたい。これは、往査で判明した不備事項の事実を書面で確認するツールである。往査期間の終了を待つことなく、不備の可能性の高い事象を発見のつど指摘票を作成し、手交する。記載項目のうち特に重要な箇所は、指摘事項（事実の記載）と監査対象拠点の業務責任者の回答欄である。回答は事実の確認が主目的なので、然程詳細な説明は不要である。最終的に集められた個別監査指摘票の内容が、監査報告書に記載される指摘事項の候補となる。この方法だと、監査報告書案を作成する監査の終盤での現場管理者へのサプライズ（不意打ち）を回避でき、万一監査担当者の事実認識に問題があった場合でも、大事になる前の段階で潰すことが可能となる。

内部監査業務は、内部監査部門と監査対象部門との双方の協働作業であることから、いかに相手に安心感を与え、信頼感を維持しつつ、誠実に統制状況の評価を行う姿勢が大切となる。そのために業務管理者との発見事項のキャッチボールは早めに行い、ノーサプライズを心がけたい。

（図表14）個別監査指摘票の作成例

【指摘票Ref#】

個 別 監 査 指 摘 票

監査対象拠点	
監査業務	

監査担当者　：

作成日　：

監査項目		項目Ref#	

指摘事項 （事実の記載）	（発見された事実や内部統制への影響等）				
改善勧告	（指摘事項に対する内部監査人の意見）				
監査対象 拠点の回答	業務責任者		回答日		

転の章

監査報告書・監査調書の有効性と価値の強化

第31項

監査報告書は〝諸刃の剣〟

監査報告書は、内部監査部門の個々の保証監査の成果物の集大成である。だが、その内容次第では、諸刃の剣となる。図表15をご覧いただきたい。真の内部統制の改善につながる積極的な提案は感謝され、敬意をもって受け入れられる一方、時機を逸した報告、「重箱の隅をつつく」たぐいの、内部統制改善への効果があまり期待できない内容や一貫性のない散漫な情報の寄せ集めのようなレポートであれば、無視され、悪評だけが残るおそれがある。ましてや簡単に論破されるような稚拙なロジックは、将来にわたって内部監査体制そのものに対する社内の評価をおとしめかねないのである。

いささか怖い話をしたが、監査報告書の価値と役割を正しく示すことができれば、内部監査部門のプレゼンスを高めることができる。それは、最高経営者や取締役会の期待に応え、経営が知るべき事項、および実行すべきことを直接提言するという役割である。また

（図表15）監査報告書は諸刃の剣、内容次第で評価または無視される

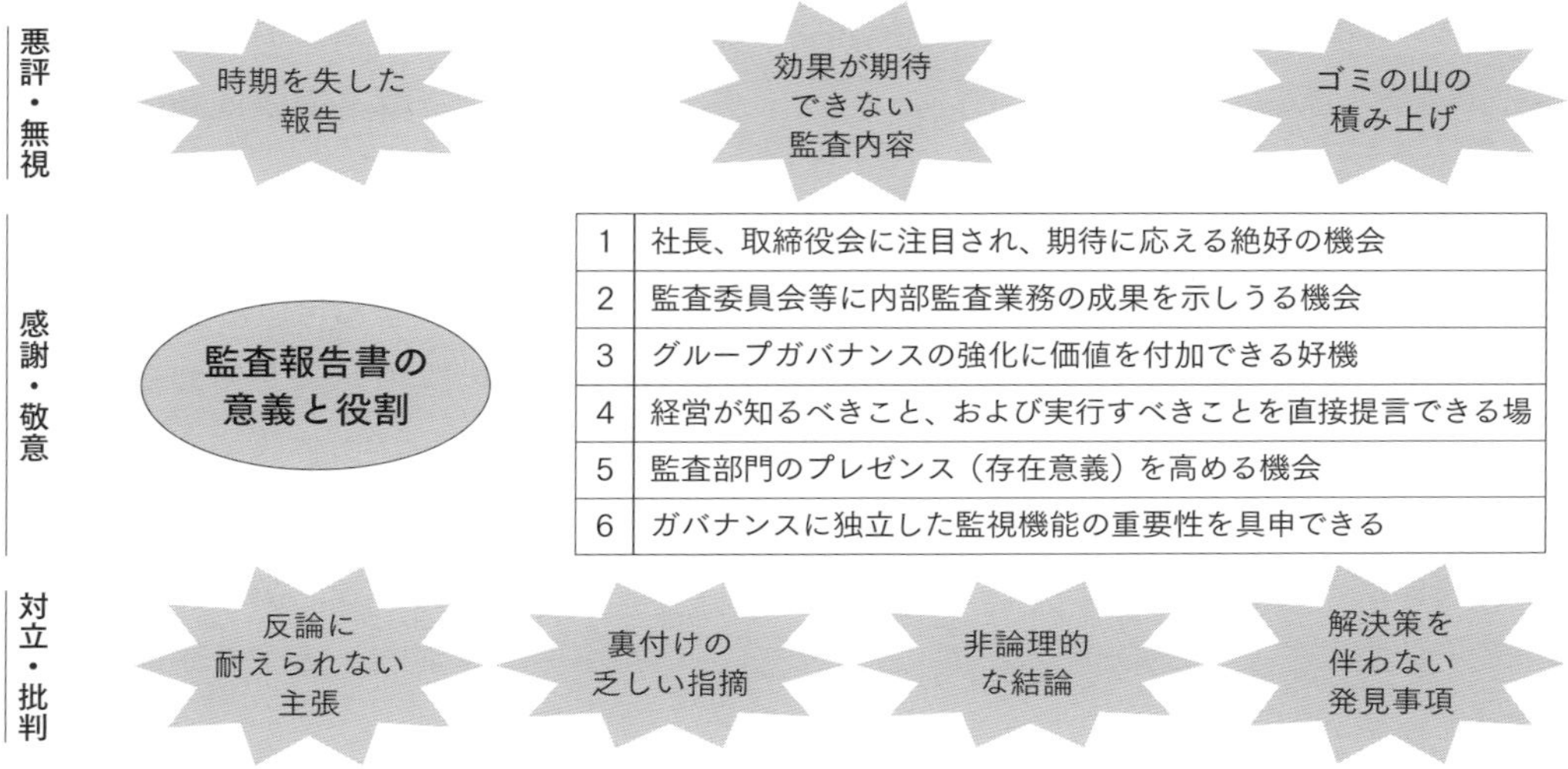

1	社長、取締役会に注目され、期待に応える絶好の機会
2	監査委員会等に内部監査業務の成果を示しうる機会
3	グループガバナンスの強化に価値を付加できる好機
4	経営が知るべきこと、および実行すべきことを直接提言できる場
5	監査部門のプレゼンス（存在意義）を高める機会
6	ガバナンスに独立した監視機能の重要性を具申できる

グループガバナンスの強化に価値を付加する好機となり、ガバナンスにおける独立した監視機能の重要性を印象づけられるなど、監査報告書の内容は非常に重要な意義をもつ。

監査報告書の意義と要件

では、監査報告書の構成や内容はどうあるべきか。報告書は簡潔にして要を得た明瞭な内容とし、その構成はＥＣＡを基本とする。個別の保証監査の監査報告書は、内部統制に責任を有する最高経営者や取締役会、監査委員会等に向けられた報告書である。その内容は、内部統制の改善を通じて企業価値に貢献するものでなくてはならない。事実に基づき（客観性）、論理的で理解しやすく（明瞭性）、シンプルで（簡潔性）、会社にとって有益な（建設性）、タイムリー（適時性）なことが重要な要素となる。

監査報告書の発行時期

内部監査の結果報告書の発行は、通常往査終了後1カ月以内を目途とする。1カ月を超え2カ月近くになると、時期を失し、適時性に欠ける報告と受け取られるので、内部監査部長は留意する。報告書のドラフトは2週間程度で作成する。この期間に発見事項や監査調書を取りまとめ、不備事項の内部監査部門の改善提案に対する監査対象部門の回答を得る。その後の2週間で部内報告を行い、内部監査部長の承認のもと、最高経営者と取締役会への結果報告、承認の手続きとなる。承認後、監査報告書が正式に監査対象部門や関係所管部等に対して発行される。

監査報告書の構成するECA

監査報告書は、〝ECA〟を基本に構成される。〝E〟は監査要約（エグゼクティブ・サマリー）、〝C〟は監査の結論（コンクルージョン）、最後の〝A〟は指摘事項（オーディット・イシュー）である。ボリュームは監査要約と結論で1枚にまとめるのが望ましく、多くとも2枚までである。報告を受ける最高経営者と取締役会は、特に〝E〟と〝C〟に関心を寄せる。どこが監査対象部門で、どのような監査目標が設定され、リスク管理の監査範囲は何であったか、そして監査結果として重大な不備や喫緊の脆弱箇所は発見されたのか、などである。内部監査部門は、ここに専門職としての魂を込める。毎日膨大な量の報告書や決裁書、起案書が回付される最高経営者にとって、1頁目の内容がすべてといっても過言ではない。

〝E〟の監査要約では、①監査対象部門、②監査目標、③監査基準日、④監査期間（往査）、⑤監査担当者、⑥監査範囲などを簡潔に記入する。このなかで監査基準日の設定は重要である。これは監査対象取引の基準となる日を示し、前回の監査基準日の翌日から今回の監査基準日までの期間に監査対象部門が行った取引がレビューの対象となる。もっとも、この期間の全取引を検証するのは物理的に無理なことから、通常サンプリングで取引を抽出する。監査基準日を設定しない内部監査部門もまれに見かけるが、どの期間を監査対象としたのか不明では、監査報告書としてアカウンタビリティに欠けることになるので、監査基準日を設けることをお勧めする。

〝C〟の監査の結論は、総合評定と総合所見から成る。ここに監査対象部門の内部統制の有効性に対する内部監査部門の評価結果と意見が凝縮される。総合評定は、個々の指摘事項の重要度（リスク度）から判定された監査対象部門の内部統制全体の評価である。報告を受ける経営者はここを読めば監査対象部門の内部統制のレベルを一目で理解できるものでなければならない。平均以上の及第点であればよいが、総合評定が下位の厳しいものであれば、その後の報告内容に緊張が高まる。総合評定を設定する利点は、説得力が増すことだ。総合所見だけでは、たとえそれが表現に凝った美しい文章であったとしても、結局のところ内部統制が良いのか悪いのかが判然とせず、評価結果が不明瞭なままというケースも少なくない。まだ総合評定を未設定の内部監査部門には、早急に導入を検討することをお勧めする。

最後の〝A〟は、指摘事項を取りまとめたものである。指摘事項は、リスク度が高い不備事項から順に、中、低リスクと記載していくのが原則である。個々の指摘事項の具体的な記載内容については、次項以下で詳述する。

海外と日本の監査報告書の違い

海外のオーディット部門では、論文形式の監査報告書がほとんどだが、日本ではB４判またはA４判の表形式の定型書式を使っているところが多い。そのほうが読み手も書き手も時間が節約できて便利だ。

まれに内部監査部長の承認の前に、監査報告書のドラフトのレビューを監査対象部門長に依頼する監査担当者を見かけるが、これは独立性を自ら阻害する、あってはならない行為である。監査報告書の内容や表現は、内部監査部門の専管事項である。監査対象部門側から、総合所見の部分的な表現や指摘事項のリスク度の変更などの要請や、何らかの圧力がかかることがあっても、内部監査部長は内部監査部門の立ち位置をしっかりわきまえておかなくてはならない。

監査報告書作成上の12の要点

ここで、高度な監査報告書を作成する12のポイントを説明する。是非とも監査の実務に役立てていただきたい（Sawyer's Internal Auditing vol.3 参照）。

1. 内容と論理の流れ・組立てが、監査報告書の理解に最も重要な要素となる。
2. 必ずしも業務現場に精通しているわけではない最高経営者や取締役等を念頭において、読み手に理解容易な内容とする。内容によっては余白に注釈をつける。
3. 最も重要な発見事項は、報告書の冒頭に記載する。
4. 基本的に1件の指摘事項は1つの状況に限る。複数の異なる不備統制を1件の指摘のなかに盛り込まない。ただし、類似の発見事項をまとめることは問題ない。
5. なぜ改善を要するのか、影響（リスク）を含め説明する。それが改善・指導のプロセスとなる。

6. 監査部門の改善提案は必ず記載する。改善提案は問題の表層的な裏返しではなく、指摘事項の根本原因（真因）に着目した内容とする。
7. 改善提案は、それを実施する責任・権限のある組織・部署に対して行う。したがって、必ずしも監査対象部門にとどまらない。
8. 指摘事項に対する監査対象部門の回答（改善措置・対応期限）は必ず記載する。
9. 文章は長いものとせず、短く簡潔にまとめる。1つの文章は100字（2行半）程度をメドとする。
10. 強調するために、箇条書き、囲み、太字、斜体（イタリック）を活用すると効果的である。
11. 頭文字による略語は、初出時にはフル表記とあわせて記載し、2回目から略語を使用する。
12. 常に新鮮な視点を保つために、適当に時間をおいて読み返し、文章を熟成させる。

内部監査は、会社の経営に価値を付加するために行う保証活動である。作成した監査報告書は、もう一度読み返し、だれに向けて報告しているのか、報告書の総合所見や改善提案の内容は、真に監査対象部門の業務の改善、内部統制の向上に役立つ価値のあるものか、を考えてほしい。監査業務が惰性に流されることなく、一つひとつの監査報告書が経営への生きたメッセージとして十分有効なものか自問する。この積み重ねが専門職としての社内における プレゼンスを高め、信頼を受ける監査業務を実現することとなる。

第32項

指摘事項の5つの記載要件（原因に着目する改善提案）

フォローアップで是正措置が施されたにもかかわらず、その後も顕著な改善が見られないケースがある。あれほど業務管理責任者と議論して問題点が是正されたはずなのに、なぜそれほど、効果が上がらなかったのだろうか。これは、不備事項が発生した原因と是正措置の不一致による場合が多い。指摘事項の原因分析が甘いと、同一事象の再発可能性が高くなる。逆にいえば、真の原因に裏付けされた改善措置は、再発防止や類似事象の発生の抑止に効果的である。

往査で検出された指摘事項に対する監査報告書の記載要件はどのようなものであろうか。一般に、1件の指摘に対して、次の5つの記載事項が求められる。

1. 指摘事項の内容とリスク度の表示
2. 指摘事項がもたらす経営への影響
3. 監査部門の改善提案
4. 監査対象部門の是正措置
5. 是正措置の対応期限

これらの要素が、一つひとつの不備事項に対して、分析され、検討のうえ、記載される必要がある。まず、指摘事項の内容。これは、統制の脆弱個所の①現状と②評価基準、③原因の3項目で構成される。「現状」は往査期間の評価の過程で検出された、事実に関する証拠や実際の状況（As is）を示す（第26項参照）。「基準」は評価・検証するために適用される社内の基準または規程、あるいは監査計画の段階で検討された監査対象部門の想定されるリスクに対するあるべき統制の状態（To be）を指す。この両者を比較検討し、実際の運用状況とあるべき統制の状態との差異が生じた理由が「原因」となる。この原因の分析が大変重要な作業であり、後で監査対象部門の内部統制に大きな影響を及ぼすこととなる。

指摘事項の内容は、その残存リスクの大きさによって、「H（高）」「M（中）」「L（低）」のリスク度を設定する。これは監査部門が判定する不備の脆弱性の程度を示すもので、発生頻度と影響度によってその影響の大きさを判断する。

2番目の記載事項の指摘事項がもたらす影響は、当該原因によるリスクの顕在化で想定される事態やエクスポージャーの程度を表す。不備事項のリスク度と経営への影響範囲と大きさに、最高経営責任者と取締役会は特に関心を寄せる。

3番目の改善提案は、監査部門が監査対象部門に対してリスクを低減するための統制の方向性を簡記したものである。必ずしも具体的な措置自体の内容には触れる必要はない。この改善提案は、指摘事項の内容の3項目のどれに深く関与した内容となるであろうか。現状、基準、それとも原因か？賢明な読者はすでにおわかりだと思う。

現状ではなく、答えはもちろん、原因である。実はこの原因をどこまで究明できたか、監査部門の改善提案の中身は大きく変わってくる。ここが、内部統制を適正な方向に導けるかどうかの岐路となる。例えば、監査担当者は往査の結果、職場環境の過重労働の問題を指摘したとする。職場の管理責任者との面談で、単に現状を把握していなかったのであれば、適時に作業時間を把握することを提案するかも知れない。また、経営方針で日頃から少人数体制のもと、過酷な残業が恒常的に増加傾向にあるのか。あるいは社員やパートへの教育研修費のコスト削減から十分な訓練が施されていないためか。さらにそもそも所管本部には、業務量に対する適正人員の配置という施策がない、など理由はさまざま考えられる。このような検討を満足に実施せず、皮相的な「業務管理者への管理研修を徹底する」といった改善提案では、おそらく業務の実態の本質は何も変わることはないであろう。

4番目は、監査対象部門の是正措置の具体的なアクションプランである。注意を要する点は、その遂行を通して確実に想定されたリスクの内容が軽減されることである。よくあるパターンは、監査対象部門が策定した是正の内容を監査部門は十分な有効性の評価もしないで、そのまま受け入れるケースである。単に、「マニュアルを作成します」や「関係者へ定期的な研修を実施します」「定期的に本部へ報告させせます」といった類は、是正効果の薄い施策の典型ともいえる。是正措置の内容は、不備が表面化するきっかけとなった原因と直接関連した改善提案をよく理解したうえで策定されるべきである。

一般に、是正措置で取られる統制の種類は、予防、発見、回復、指導的コントロールと4種類ある。このうち、リスク低減に最も効果があるのは、予防的コントロールである。そのため、是正措置の内容は可能な限りこの予防的統制が望ましい。前述の〝マニュアルの作成〟や〝集合研修の開催〟は指導的コントロールであり、本部への報告は発見・回復的コントロールに含まれる。問題が発生した事象の本質を見きわめ、極力予防的統制につなげていくプロセスが重要となる。

最後は、是正処置の対応期限である。これはリスクアプローチの観点から、リスク度別に対応期限の設定が異なる。〝H〟の高リスクの経営への影響の大きい不備は、早急な改善を要する。対応期限の目安は〝H〟リスクが3カ月、〝M〟リスクは半年以内とされる。これも監査部門は、監査対象部門の「この期限までに実施します」といった報告を、そのまま受け入れてはいけない。不備のリスク度の軽重に応じて、対応期限にメリハリをつけることが肝要である。そして、リスク度の高い不備事項について監査部門は、定期的にフォローアップの結果を最高経営責任者と取締役会へ報告をしなければならない。

監査部門は業務執行から独立した部門として、取締役会や経営陣に対して業務の有効性・効率性の評価など社内の現状の内部統制の管理態勢に係る評価結果を報告するとともに、リスクへの鋭い嗅覚で問題の再発防止、類似事象の発生の抑止に責任がある、という自覚が求められる。

第33項

不備事項は〝高〟リスクが最優先

監査報告書の記載内容は3つに分類される。①監査要約、②結論、③改善指摘事項の順である。最後の指摘事項は、重要性の高いハイリスクから順に記載するのが基本である。たまに、往査で検出された順や監査対象の業務別に記載する内部監査部門が見受けられるが、リスクアプローチ監査では適切な方法とはいえない。最高経営者や取締役会が業務監査の結果のなかで最も関心を向け、責任を感じるのは、経営への影響が大きくすぐにでも手を打たなければならない課題についてである。

監査報告書は、通常監査対象部門の予備調査で設定された監査目標の達成状況を、最高経営者、取締役会等へ報告するために作成する。個別の保証監査は、監査対象の範囲が、部門別や業務別、リスク種類別、機能別など広く多岐にわたる。監査の目標は、監査対象部門の事前のリスク分析に基づいて設定される。例えば、金融機関において審査部を監査対象とする場合、与信管理体制や自己査定基準、与信権限規程やモニタリングシステムなどの有効性や効率性の評価が監査目標となる。一般的には、リスクに焦点を当て、当該会社や監査対象部門に内在する各リスクに対する管理体制の有効性などの評価が監査の目標となることが多い。リスクは信用リスク、市場リスク、オペレーショナル・リスクなどに加え、不正リスク、人的リスク等があげられる。さらに監査対象部門の業務分掌、責任体制や管理態勢などを整理、分析することによって、おのずと監査目標が見えてくる。最高経営者や取締役会は年度監査計画の承認は行っても、個々の保証監査の監査目標は、内部監査部門から正式に監査報告書があがってくるまでわからない。その意味でも監査報告書の位置づけは重要である。

さて、監査報告書は、単なる監査の活動の記録や監査目標に対する内部監査部門の意見・論文ではない。想定したリスクに対して統制手続き（コントロール）は十分にその効力を発揮しているか、改善すべき脆弱な箇所はないか、きわめて危険な状況に置かれているようなことはないか、といった現状に対する内部監査部門の評価の結果を報告するものである。評価結果として内部統制の是正を要する個々の不備事項は、経営へのリスクやエクスポージャーなど影響の大きさを勘案し、〝リスク度（重要性）〟を判定する。

リスク度は、発生可能性と影響度合いを軸として、リスク対応の緊急度を分類したものといえる。発生可能性と影響度が顕著な場合は、リスクが〝高（ハイ）〟、発生可能性の緊急度はそれほどでもないが業務運営への影響が大きい場合は、リスクが〝中（ミディアム）〟、中長期的にも発生の可能性は低く、業務への影響が軽微な場合のリスクは〝低（ロー）〟といった区分になる。またリスク度は、発見された指摘事項の中で、特に優先的に取り組むべき課題を判定する基準となる。例えば、高リスクの指摘は監査報告後3カ月以内の短期間での対応、中リスクは6カ月以内などとなる。

通常、個別の業務監査で指摘事項が15件を超えることも珍しくはない。例えば、指摘事項が発見された順に並べられ、順不同では、内部統制の改善すべき重要事項は最後まで読まなくてはわからない。これでは、ただでさえ忙しい最高経営者や取締役にとって時間がいくらあっても足りない。もちろん、最高経営者として、業務の現場で起こったすべての欠陥を知っておくにこしたことはないが、リスク度の高い重大な事象に絞ることもまた必要である。自社にとって、内部統制上の緊急の課題の有無とその実態やそれを放置すれば経営環境にどのような影響をもたらすか、社内だけでなく社会的な問題に発展しうるのかなど、経営者は内部監査部門の独立した評価意見を求めている。

また、監査報告の有効性の観点から、是正・改善を要する指摘事項が多い監査では、リスク度順の指摘事項の詳細説明の前に、指摘事項全体をまとめた一覧表を添付するのも効果的である。不備事項の全容を一覧でき、内部監査部門の報告の意図が的確に読み手に、伝わりやすくなる。

リスクアプローチの監査を徹底する場合、個々の指摘事項に〝リスク度〟で指摘の重要性を表すことで、内部監査部門の評価の結果がより鮮明となる。そして、是正・改善を要する指摘事項は、リスク度の高い項目から列挙する。多くの指摘事項の軽重を端的に表現し、緊急性のある重要な問題点を手際よく、読み手に知らせる。監査報告書は内部監査部門の腕の見せどころであり、業務監査の作品の価値を高める工夫が求められる。

第34項 総合評定に相対評価の意義はない

リスクアセスメントの結果を反映し策定される年度監査計画の期初の段階で、本年度実施する業務監査の評定分布を事前に設定することは時間の浪費でしかない。内部監査の保証活動に相対評価はそぐわないのである。

リスクアプローチ監査が金融庁（当時は金融監督庁）によって導入され、早20有余年がたった。なぜ、リスクアプローチなのか。リスクアプローチ以外ではだめなのか。

相対評価のテーマの前に、現在世界で主流のリスクアプローチについて少しふれてみたい。リスクアプローチが生まれた背景には、世界で急激に変化するビジネスの環境や形態、ボーダーレスなどに連鎖して、企業が直面するリスクが増大し、複雑化していることがあげられる。伝統的な信用リスク、市場リスク、流動性リスクやオペレーショナル・リスクなどに加え、地政学リスク、ベンダーリスク、情報セキュリティ、不正リスクにソーシャルメディアデジタルリスク、環境リスクなど多様化し増える一方だ。例えば、人事リスクひとつとっても、以前は採用、教育・研修、退職プロセス程度だったが、平成から令和の時代に移り、さまざまなハラスメントの存在、非正規職員や外国人労働者、ダイバーシティやＬＧＢＴなど画一的な対策では対応しきれないほど多様化している。企業が求められるリスクへの監視機能の強化は経営者にとって、待ったなしの課題である。改正会社法やコーポレートガバナンスコードの制定など内部統制をめぐるルールの厳格化がそれに拍車をかける。内部統制のモニタリング機能としての内部監査部門の有効性と専門性がますます重要性を帯びることとなったが、内部監査の要員やコストは有限である。そこで生まれたのが、リスク評価を実施したうえで、監査資源をよりリスクの高い業務分野へ重点的に傾斜配分を行う〝リスクアプローチ〟監査である。

リスクアプローチ監査とは、具体的には「監査拠点におけるリスクの種類や程度および管理体制を把握、リスク評価したうえで、重点分野を特定（リスク・フォーカス）し、メリハリを利かせた監査の実施を通じて、運営上の重大なリスクが各部門の統制によって適切に管理されていることを検証しながら、監査の有効性と効率性を同時に追求する」監査手法をいう。リスクアプローチによる内部統制の評価には、2段階のステップがある。第1に個々の指摘事項の重要性の評価であり、第2に監査対象部門全体の総合評定である。前者は、発生可能性と影響度合いで不備事項がもたらす経営への影響の度合いを判定する。リスクレベルは、「高・中・低」など3種類が一般的である。後者は、これらすべての不備事項のリスク度を総合的に判定して、内部監査部門としての内部管理体制の総合評定を下す。通常、総合評定は3~5段階の範囲で定めるところが多い。筆者が米国で内部監査を携わっていた時期は5段階評定を採用した。ちなみに2019年に金融検査マニュアルと同時に廃止されるまで、金融庁の検査評定制度はA、B、C、Dの4段階だった。

さて、本項タイトルに掲げた、総合評定における相対評価である。すでにご理解いただけたと思うが、リスクアプローチの内部統制の評価には、どこかと比較する相対評価はなじまない。相対評価は、例えば東京支店の統制状況を福岡支店や札幌支店などと比べて、その優劣の度合いで評価を行うものだ。全体の評定の配分は決まっている。具体的には、総合評定を5段階に設定し、期初にA評価（良好）を全体の5%、B評価（普通）は

45％、C評価（いま一歩）は30％で、D評価（不良）は15％、最も低いE評価（きわめて不良）は5％と決める。リスク評価後の本年度の監査対象が30部門とした場合、A評価とB評価の合格点は全体の50％で15部門、いま一歩のC評価を9部門とし、不良、きわめて不良のDとEの評価は20％で計6部門を目安に評価する。これが相対評価である。

以上のような方針に何の意味もなく、設定自体が必要ないことは論をまたない。それは遠い昔の事務手続きへの準拠性をもっぱら確認していた検査の時代の発想であり、現代のリスクアプローチとは追求するものが異なる。そのような固定観念にとらわれている内部監査部長は多くはないとは思う、もし思い当たるところがあれば、内部監査のバイブルである〝レッドブック〟をいま一度読み直してほしい。

内部統制のモニタリング機能を担う内部監査の目的は、監査対象部門のそれぞれの経営目標に潜在・顕在するリスクに対するリスクコントロールに評価の基礎を置き、内部統制の有効性、効率性を評価し、改善に導くことである。リスクは固有のものであり、内部統制の対象もまた、監査対象部門の特性により異なる。業務監査の総合評定は検出された不備事項全体のリスクを総合的に判定するもので、他部門と比較して評価する意味はない。

会社全体を見渡し内部統制の脆弱性を、経営者が喫緊の課題として早急に取り組むべき課題を明示し、強固な内部統制の構築に資することが、内部監査の真の役割である。

第35項

監査能力の証左となる〝監査調書〟作成の要点

監査調書にはその作成者の能力が端的にあらわれる。監査調書のレビューを行うと、その違いがよくわかる。その差が監査担当者の人事考課に反映されれば、全体の監査の品質と個々のモチベーションは著しく高まるだろう。

その意味でも監査責任者の監査調書のレビューが重要な意義をもつ。良い監査調書を作成するには、それぞれの調書の関連性を示す相互参照番号（クロスリファレンス）を効果的に活用することがポイントである。

筆者は、米国で2年間プロのインターナルオーディターと一緒に内部監査業務に携わったことで、自身が監査し、作成した各監査調書をいかにして短時間に効率的にまとめるか、見やすく第三者への理解を容易なものとするか、数多い監査調書のどこを強調すればよいかを学んだ。その結果、監査調書のまとめ方にはコツがあることがわかった。コツを会得すると、格段に説明力（アカウンタビリティ）が向上する。つまり、良い監査調書ができあがる。

図表16に監査調書の種類と関係性を示した。

監査調書は、大きく3種類に分類される。管理調書（アドミニストレイティブファイル、以下「Aファイル」と呼ぶ）、永久調書（パーマネントファイル、「Pファイル」）、そして検証調書（テスティングファイル、「Tファイル」）である。Aファイルは個別監査計画書など主にその回の業務監査で作成された関連資料、Pファイルは保存を要する、あるいは次回以降の監査で継続的に参照される資料類、Tファイルは内部文書や面談録、稟議書、チェックリストなどの監査証憑等の資料である。このTファイルが最もボリュームが大きくなるので、監査プログラム等の監査項目ごとにクロスリファレンスを記入して、ただちに整理する。それぞれの監査調書の全体像、すなわち最終のファイルイメージを頭のなかに描き、監査の進捗を確認する。最後に、それぞれの調書ファイルごとに表題を付した表紙をつけ、作成の証として作成日と作成者の署名を行う。だれが作成したかわからな

（図表16）監査調書（W/Ps）の内容による分類と種類

A. File（管理調書） → T. File（検証調書） → P. File（永久調書）

種類	内容	調書Ref
管理調書 Administrative File 今回のみの監査関連資料	個別監査計画書	A-1
	監査実施予告通知書・監査実施通知書	A-2
	事前準備資料一覧表	A-3
	タイムシート	A-4
	拠点回答書	A-5
	不備指摘事項の明細（原本）	A-6
	前回指摘事項のフォローアップ表	A-7
	監査打合せ議事録	A-8
	;	;

監査証憑等
内部文書、面録、
報告書、稟議書、
チェックリスト等

検証調書 Testing File	監査プログラムの検証結果取纏表	T-1
	不備指摘事項の明細（写）	T-2
	監査証跡関連文書	T-3
	;	;

W/Ps点検のポイント

- A-1（個別監査計画書）
- P-2（リスクマトリクス表）
- T-1（監査プログラム結果取纏表）
- P-4（不備指摘事項一覧表）
- P-1（監査報告書）

永久調書 Permanent File 保存を要する、または次回以降も参照する資料	監査報告書	P-1
	リスクマトリクス表	P-2
	監査プログラム	P-3
	不備指摘事項一覧表	P-4
	前回監査結果報告書（写）	P-5
	拠点組織図	P-6
	職務記述書	P-7
	経営計画書・業務計画書	P-8
	方針と手続書	P-9
	;	;

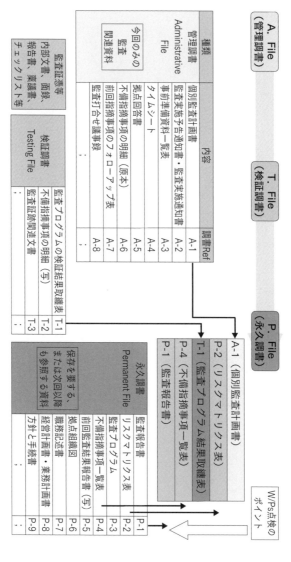

いようでは困る。監査調書は往査終了後、1週間程度をメドに完成させる。

監査調書のなかで、監査プロセスを明確に示す重要な文書がある。それは、次の5つの監査調書である。

①A1：個別監査計画書
②P2：リスクマトリクス表
③T1：監査プログラムの検証結果取りまとめ表
④P4：不備指摘事項一覧表
⑤P1：監査報告書

賢明な読者はお察しのとおり、これらの監査調書は、業務監査のプロセスを時系列的に並べたものだ。監査調書の品質レビューでは、監査責任者はこれらの監査調書を順に、正確性と整合性を検証していく。具体的にはまず、予備調査をふまえた個別監査計画書の記載事項、特に監査目標と監査の範囲を確認する。リスクマトリクス表では監査範囲に付随するリスクへのリスクコントロールに対する監査結果の記載内容、および評価結果と指摘事項の証憑との関係と整合性、3番目の監査プログラムの検証結果取りまとめ表も同様に、評価結果の記載内容とその証憑である。不備指摘事項一覧表は、リスクマトリクス表と監査プログラムで「指摘事項あり」の監査項目の数、内容と個別監査指摘票のそれとの整合性、そして最後に監査報告書は、総評とリスク度の高い指摘事項の内容とのバランス、および監査報告書に記載された指摘事項の詳細と不備指摘事項一覧表の内容との整合性などである。

監査責任者は監査終了後これらの正当性と整合性を毎回レビューすることで、監査の品質の維持を図る。監査担当者は、監査責任者に対して口頭での説明ではなく、自身が行った監査プロセスを文書で語る。これが、良い監査調書の典型だ。これができれば、専門性はかなり身についたことになる。監査調書に対する日頃の鍛練の積み重ねが次第に専門性を高め、品質を磨いていくのである。

監査調書を一目みるだけで、内部監査部門の統一され、体系化された監査業務の品質を想像することができる。監査調書は監査担当者のかわりに、その監査のすべてを語ってくれる代弁者である。個別監査が終了した時点で、監査担当者はもう一度作成した監査調書の詳細を見直してほしい。ここの精度を高めることによって、監査調書は他のものとはひと味違うレベルとなるはずである。

最後に、監査調書における品質の要件を8点紹介する。監査業務の参考としていただければ、幸いである。

1. 各監査調書のそれぞれの関連性を示す相互参照番号（クロスリファレンス）の記載の有無
2. 各監査項目や検出された発見事項に対する監査担当者の評価コメント・意見の記載
3. 監査担当者の評価コメントを裏付ける監査証憑の有無と保管
4. 監査調書に対する内部監査部長、又は監査責任者のレビューの実施
5. 品質評価実施者の監査調書への署名による承認と実施日の記載
6. 監査調書の台帳、閲覧記録簿、保管期限など保管手続きの有無と運用
7. すべての基本監査調書の様式の統一性
8. すべての監査調書のファイリング方法の一貫性（表紙、索引表、ファイル順、保管場所等）

第36項

フォローアップの真の目的と管理手法

個別の保証監査の監査報告書に記載された不備指摘事項は、そのリスク度に応じて、しかるべき時期に内部監査部門によってフォローアップが実施される。フォローアップという言葉から、単に監査対象部門等から、是正措置結果の報告を受領することだと勘違いしている監査担当者をたまに見かける。あるいは、監査担当者の報告をそのまま受け入れる最高経営者や取締役会へ報告する内部監査部長や監査責任者もまた、フォローアップの目的やプロセスを理解していないとみなさざるをえない。

監査対象部門の経営管理者は、内部監査部門から報告された不備事項に対し、対応期限までに、回答したリスクを低減させる具体的な是正措置を講じる責任を持つ。当然のことながら、是正措置の期限管理に責任があるのは内部監査部門ではない。是正措置と期限管理、ならびに措置結果の経営側への報告は、指摘を受けた監査対象部門が行う。

一方、内部監査部門は、指摘事項の高・中・低のリスク度を勘案した適切なタイミングで、経営管理者が実施した改善措置の有効性や妥当性を評価する。評価は、是正措置の内容が、監査報告書に記載された指摘事項による経営への影響を確かに軽減しうる水準にあるかを判定する。評価の結果、不十分な内容と認められた場合は、内部監査部門は監査対象部門に対して、改善措置の修正、強化を要請する責任を有する。

これらのフォローアップの手続き、内容、実施時期、範囲等は、内部監査実施要領等の内部監査部門の内部規程で具体的に定められ、内部監査部長が承認を行う。一義的な期限管理は監査対象部門で行うが、内部監査部門もそれぞれの業務監査で判明した指摘事項の改善実施状況を独自の方法で管理しなければならない。是正措置の結果に関しては監査報告書と同様に、定期的に取締役会と最高経営者への報告が求められる。

図表17は、内部監査部門による指摘事項の管理表のサンプルである。管理表の活用の仕方と記載する項目の内容について、説明しよう。

(1) 管理表は、指摘事項の改善措置計画と結果を一元的に管理できる効果的なツールであり、月次、または四半期毎に取締役会と最高経営者へ報告する。

（図表17）指摘事項の改善措置状況の管理表の様式例

内部監査部門による監査指摘事項の管理表サンプル

監査 対象部門	監査 報告日	指摘 No.	監査分類	指摘事項 の内容	リスク度	責任者	改善 措置内容	対応期限	完了日	内部監査部門 評価終了日
		1			高					
		2			高					
		3			高					
		4			中					
		5			中					

- 監査分類：業務名、監査項目等
- 指摘事項の内容：指摘事項概要を簡記（現状、原因、改善提案等）
- リスク度：重要性（リスク度の高い順）
- 責任者：対応責任部署の役職名
- 改善措置内容：具体的な内容と成果物名
- 対応期限：是正処置の期限
- 完了日：是正措置完了日
- 内部監査部門評価終了日：是正措置の検証日

(2) 指摘事項の記載は直近の監査から、①監査対象部門、②監査報告日を一対として、次は③リスク度の高い順に記載する。リスク度の高い不備事項は取締役会や最高経営者の関心も高く、優先される。

(3) 「監査分類」は、業務名、または監査項目などを記載する。

(4) 「改善措置内容」では、是正した内容を簡記し、成果物があればそれを記す。

(5) 「対応期限」は、監査報告書に記載された対応期限の日付。

(6) 「完了日」は、是正措置の実質の完了日を指し、通常は対応期限よりも前日以前となる。また、内部監査部門への報告日である。

(7) 「最後の評価終了日」は、内部監査部門が是正措置内容の有効性の評価を終えた日であり、措置内容に修正が必要とされた場合は、修正後の内容確認日となる。

フォローアップ自体は一般的に決してむずかしい作業ではないが、1年間に実施された業務監査の件数とそれぞれの指摘事項の数から、管理の対象数は相当な量になる。ペーパーでの管理は無理で、データベースでの管理が適している。監査ソフトがすでに導入されている内部監査部門では、ソフトに備わっている指摘事項管理機能を利用すればよい。

また、体制的には、措置内容の有効性の評価は監査実施担当者に任せてもよいが、データベースの最終管理は別途専任の担当者をつけたほうが牽制が効き、効果的である。

是正措置に関し、内部監査部門が留意すべき重要な点がある。それはフォローアップの結果、経営陣が不備内容で想定されるリスクを受容する判断を下し、指摘を受けた重大なコントロールが是正されないケースがあることだ。実際の監査業務の現場では、是正措置に必要となるコストをはじめさまざまな理由でこのような決定がなされることは決して珍しいことではない。内部監査部長は日頃からこうした事態への対応を、頭にいれておく必要がある。内部監査部門は、経営陣が下した判断の根拠・理由を精査し、取締役会にその内容を報告しなければならない。経営陣によるリスク受容の諾否とその結果責任は、内部監査部長ではなく取締役会マターとなる。

個別の保証監査におけるＰＤＣＡでは、フォローアップは最後のＡ（アクション）に該当する。当初のＰの監査計画策定から、往査のＤ、監査報告書、監査調書の作成のＣに続き、このＡで業務監査のストーリーが完結する。最後まで手を抜くことはできない。内部監査の定義にある「（中略）組織体の運営に価値を付加し、また改善するために行われる、独立にして客観的な保証活動…。内部監査は組織体の目標の達成に役にたつことにある。このために、リスクマネジメント、コントロールおよびガバナンスの各プロセスの有効性の評価・改善を…行う。」は、まさにフォローアップによる内部統制の改善が完了することによって、経営目標の達成が促進される。内部監査部長はこの内部監査部門の使命を十分認識したうえで、フォローアップ・プロセスを構築しなければならない。

第37項

監査リスクへの認識を高めよ

監査リスクを軽視してはならない。もっとも、実際のところ監査リスクの存在を意識する内部監査部長、監査担当者はどれほどいるのだろうか。一般に内部監査における監査リスクは、指摘すべき事象を看過し、指摘しないリスクといわれる。会計監査では、財務諸表の重要な虚偽表示を見逃がし、誤った監査意見を形成する可能性を意味する。内部監査人、外部監査人にとっていずれも危険な所業である。筆者は、監査における内部統制の不備の看過も含め、内部監査部門の信頼性を著しく損なう行為全般と、より広義の意味で解釈する。最高経営者、あるいは取締役会直轄の独立した組織として、日頃の監査活動への信頼なくして、監査活動は成り立たない。それゆえに監査体制や監査プロセスのあらゆる場面で、監査リスクは存在する。もちろん、それを一番意識しなくてはならないのは、監査業務全般の監督責任を担う内部監査部長だ。しかし、それぞれの監査担当者にとっても監査リスクの発現の当事者になってよいわけではなく、内部監査部門全体の課題といえよう。

では、ここではまず、ドラマ仕立てのストーリーで監査リスク発現の例を見てみよう。

ある日、経理部長の巨額の横領が突然発覚した。社内はてんやわんやの騒ぎとなる。まず、その影響の大きさからマスメディアへの対応、ステークスホルダー等への説明に追われる。同時に処罰すべき犯人探しが始まり、関係する部門では組織防衛のため、社内の責任のなすり合いへと続く。そのうち、なぜか「監査が悪い」という偏った意見とともに、組織上の問題に目をつむって個人の問題に矮小化しようとする動きが出てくる。ここまで極端な話ではなくとも、日頃の業務報告の場で、ある事業所の不祥事や重大な不正が発覚することは少なくない。そのような時、社長や監査役等から内部監査部長に対して、「内部監査はちゃんと監査していたのか?」「監査でなぜ発見できなかったんや?」「うわべでなく、プロセスをちゃんと見たのか?」「この改善提案でたしかに再発が防止されるのか?」といった非難含みの質問や詰問が飛ぶ。このような不祥事が短い期間に立て続けに発生すると、監査部門の信頼性は明らかに揺らぎ、社内には監査結果への疑心暗鬼の雰囲気がもたげてくる。監査リスクは、いつなんどき顕在化するかわからないがゆえに、内部監査部長は日頃から細心の注意を払う必要がある。

監査リスクの原因は、3つあるといわれる。

(1)監査体制・管理・監督等の不備
(2)不適切で妥当性を欠く保証業務
(3)脆弱な監査姿勢による評判リスク

順に、説明しよう。まず、(1)の監査体制や監査業務における管理・監督自体の脆弱性についてである。例えば、①年度監査計画策定時のリスク評価プロセスの欠如、②個別監査などで真のリスクが把握されていない、③重要なリスク分野への監査部門の知見が欠如する、④監査担当者の監査能力不足、⑤新人の監査担当者の孤立、⑥コントロールの欠陥に対する懐疑的な感性の欠如、⑦個別監査の保証業務への適切な管理・監督が実施されていない、などがあげられる。これらは監査体制上の基盤の問題や不十分な教育研修プログラムの結果としての事象の顕在化である。

次に個別の保証監査における問題である。これは監査結果の指摘事項の内容や監査報告書として表にあらわれるので、監査リスクが顕在化しやすい面がある。具体的には、①予備調査でのリスク評価で重要な監査範囲が漏れ、リスクの低い分野に監査時間を費消する、②リスクに対する統制のテスト手続きが不適切かつ不十分、③コントロールの整備と運用の有効性の評価の視点が混在する、④不正の兆候があるにもかかわらず監査担当者が見逃す、⑤監査担当者の予見に基づく誤った判定（期待聴取、期待観察）をしてしまう、⑥指摘事項を監査対象部門の業務責任者へタイムリーに伝えていなかった、などがある。

最後の内部監査部門の監査姿勢に対する評判リスクの問題だが、これは例えば、①監査対象部門との対立や軋轢を極端におそれ、あえて表層的な指摘にとどめる、②忘れた頃に監査報告書が届き、内容もお粗末で社長や監査対象部門の満足度が低い、③社内の高い職位や強い言葉や態度に弱く、監査で腰が引け、是々非々での監査ができない、④小事を指摘し大事を黙認する、などだ。要は、内部監査部長が自身の立ち位置を理解せず、保身に走る姿勢をみせたことによる内部監査部門の評判の悪化である。

内部監査の業務は、経営目標の達成を阻害するリスクをさまざまな角度から洗い出し、リスクの顕在化の程度や許容の範囲を継続的に判定し、内部統制の改善や高度化を促進するものである。どこの会社も監査資源が限られている現実をふまえて、世界的にリスクアプローチが推進されてきた。監査の評価の対象は、組織・体制や業務プロセスに潜むリスクである。しかし、リスクは組織や人を選ばない。内部監査部門もまた監査業務の性格上宿命的に、特徴的なリスクを背負う。内部監査に取り組む者はこのリスクに正面から対峙し、常にその存在を理解し、顕在化させないように日々の業務にあたる必要がある。とりわけ内部監査部長は、監査リスクをみずからのリスクと認識し、監査態勢を成熟させていかねばならない。

結の章

監査の品質と専門性躍進のための道標

第38項

個別監査は〝品質評価〟を徹底せよ

内部監査の品質を維持し、確保するには、監査業務の〝日常的な監督〟と〝品質の保証・改善プログラム〟（QA&IP）の作成が不可欠である。

筆者が米国でプロのインターナルオーディターと内部監査業務に携わっていたころ、オーディットチームの元NY州銀行局検査官のマネジャーが、個別の保証監査のつど、監査担当者が作成した監査調書のレビューに時間をかけていた姿が強く印象に残っている。もっとも業務監査の品質は、監査終了後のレビューがすべてではなく、内部監査規程や内部監査実施要領等監査の手続き策定の段階から、すでに内部監査部門の品質の良し悪しが問われているといってよい。日本内部監査協会の『2017年監査白書』（「第19回監査総合実態調査」）によると、内部監査の品質評価を内部監査規程等で定めている会社は、回答のあった1488社のうちわずか23・2％の366社であった。品質評価が日本の内部監査部門ではまだまだ根付いていない証拠である。

内部監査業務に限らず、なにごとにも法律や業界が定める品質基準があるのが一般的である。例えば、デパートの食品売り場に並ぶ生鮮食品、大手家電量販店に陳列される電化製品、日本の主産業のひとつである自動車には、国際規格ＩＡＴＦ１６９４９で厳しい品質管理が敷かれている。同様に内部監査にも、ＩＩＡ（内部監査人協会）が定めた品質基準がある。

一般に、内部監査の品質評価は「内部」評価と「外部」評価の2種類ある。ＩＩＡ発行の「専門職的実施の国際フレームワーク」（ＩＰＰＦ）では、5年に一度外部の品質評価を受けることが推奨されている。実際、日本で外部の品質評価を導入した上場会社は、どのぐらいあるであろうか。協会の監査白書では、フル外部評価と自己評価と独立した検証の両者を合わせても実施している会社は１８０社と、全体のわずか12・１％にすぎない。

しかし、今後、各社の内部監査部門は、その体制および活動実績の品質がますます問われる時代を迎えることになろう。

外部の品質評価に加え、内部の品質評価には「継続的なモニタリング」である日常的な監督と、内部の「定期的な自己評価」がある。後者の「定期的な自己評価」は、内部監査部門の体制や業績に関する組織的なレビューで、自己評価または内部監査の実務と基準についての知識を持つ、組織内の別の人達によって実施される定期的なレビューをいう。具体的には、①内部監査規程の遵守状況、②内部監査活動の有効性と効率性の評価などである。

筆者がここで強調したいのは、外部の品質評価もさることながら、内部の品質評価、とりわけ日常的な監督業務、すなわち個別監査の都度実施される継続的な品質評価である。先に紹介した、米国のオーディットマネジャーが熱心に実施していた監査調書のレビューである。ちなみにこれは、『2017年監査白書』によれば449社、30・2%の実施率である。個人的にはいささか意外な数字である。筆者のコンサルティングを通じた体感では、それほど実態は悪くない印象がある。とはいえ、外部の品質評価と同様に、内部の品質管理にも課題があることを示す調査結果である。

個別監査の監督は、予備調査結果に基づく個別監査計画の立案、往査時の効率的な監査手法、監査プログラム等の進捗の確認、業務プロセスの評価、不備事項の原因の追究、リスクを基調とする監査報告書や監査調書の作成など監査プロセス全般の項目に及ぶ。監査業務の指導項目は多岐にわたり、内部監査実施要領等に規定された監査プロセスに則って、期待される監査手続きが着実に実行されていることの管理は簡単ではないが手を抜いてはいけない作業だ。こうしたＯＪＴ主体の監督に加え、個々の業務監査の品質を維持しなくてはならない。それには便宜的な方法がある。それは海外のインターナルオーディット部門で行われている、監査担当者の作成したすべての監査調書をレビューする方式だ。監査部長、または監査責任者の監査調書の検証は簡単なようにみえるが、監査調書の完成度次第で、大変時間のかかる検証作業となる。

具体的な検証の手続きについては、第35項で詳しく解説している。個別監査計画書からリスクマトリクス表、監査プログラム、不備指摘事項、証憑、監査報告書など、それぞれ作成された関連調書で、監査担当者の実施した業務監査の一連の流れを確認し、全体の整合性を詳細に検証する。この作業で、監査調書の記載の不備や漏れ、関連性の欠如、証憑の不足などが発見されれば、監査担当者にフィードバックし、該当箇所を修正させる。最終的に業務監査に携わったすべての監査担当者の監査調書の検証と修正が終了した時点で、レビューした監査責任者は監査調書の表紙に日付と署名を行う。前述のとおり、日本の内部監査部門による品質評価の「継続的なモニタリング」の実施率は非常に低い。しかし、監査のつど検証を行うことなく、年間何十件も実施される業務監査全体の品質を一定のレベルに維持することは不可能といえる。ある上場会社の内部監査部門は、定例的に監査調書のレビューを実施するために、簡略化した品質管理チェックリストを作成し、効率化を図っている。チェックリストは有効なツールだが、リストのボリュームによっては、負担が過大になり、かえって検証が形式的に堕《だ》する可能性があるので注意が必要だ。監査責任者はレビューの目的をしっかり認識しておかなければならない。

内部監査部長は、「品質の保証・改善プログラム」の作成に責任を負う。内部監査の品質の確保は、実施された監査活動が、内部監査業務一般に認められた基準を満たすことである。それは、第三者への説明責任を果たし、確かな信頼を得るために欠くことのできない内部監査部門の使命である。品質の確保は決して一過性のものではなく、継続的に実施することこそ、独立した内部監査部門としての矜持である。

第39項

監査業務の外部委託の効果的な活用の仕方

内部監査の外部委託（アウトソーシング）を検討する会社は多いが、必ずしも期待した成果が得られるとは限らない。情報システムや市場部門など高度な専門領域の監査を部分的に外部委託する場合には、内部監査部門に基本的な監査プロセスが確立されていないと、コストばかりかさみ、期待した効果が得られない危険性が高い。

筆者はニューヨークで苦い経験がある。当時米人マネジャーのもとで、金融派生商品を専門に扱うデリバティブハウスの業務監査の一部の監査領域を、監査法人系コンサルティング会社に外部委託した。われわれ監査チームにとって外部委託は初めての経験だったこともあり、事前の詳細な打合せはほとんどせずに、どちらかというと委託先を信じて丸投げするスタイルだった。結果は指摘事項ゼロの一方でプロセスの有効性を証明する十分な証憑等はなく、日々の監査チームの打合せでの発言も少なかった。残された監査調書は委託先側の独自の様式と内容であり、10日間の時間と数万ドルに及ぶ委託料が高い授業料となった。

内部監査業務の外部委託にはアウトソーシングとコソーシングの2種類がある。前者は、システムリスク管理態勢や金融派生商品のリスク管理態勢など高度な業務知識と監査経験を要する特定分野の監査を、外部の会社へ業務委託するものである。どちらかというと、おまかせ的な方式といえる。一方後者のコソーシングは、あくまでも人的資源の補完的色彩が強く、人的支援を得るものである。どちらも外部の監査資源を有効活用するという点では、すべての内部監査部門にとっても導入を検討する価値はある。

しかし、アウトソーシングにせよコソーシングにせよ、安易に飛びついてはならない。期待したほどの導入成果を得ることができない場合があるからだ。それは、受託するコンサルティング会社や監査法人などの問題というより、むしろ委託する内部監査部門側の体制の脆弱性に起因することが多い。今日でも外部委託費用が数百万円に上ることも珍しくなく、効果がなければなおさら悔いを残す羽目となる。

コソーシングよりアウトソーシングのほうにその影響が顕著に出るので、ここではアウトソーシングを念頭に置いて話を進めることにする。

監査業務を外部委託する場合、通常、業務委託者の内部監査部門と受託者の外部コンサルティング会社双方で事前に、時間をかけて詳細の打合せをする必要がある。外部委託した監査業務でも、当然のことながら、最終責任は委託者側の内部監査部長にある。ところがそれを忘れてしまうか、あるいは専門家の外部コンサルタントを過大に評価し、遠慮して主導権を渡して責任までまかせてしまうことがある。具体的には、外部委託した監査領域に関して、そのような必要性はまったくないにもかかわらず内部監査部門が通常実施している業務監査と異なるプロセスを採用させてしまうケースである。どんな会社も、内部監査規程や内部監査実施要領等で詳細な監査プロセスを明定し、リスクマトリクス表や監査プログラム、監査報告書等監査調書の制定様式がある。外部委託する業務領域に関しても、すべて委託者側のプロセス、様式を踏襲することを前提とすべきである。外部委託したからといって、受託者側の監査プロセスや様式を丸ごと受け入れる必要はない。1つの業務監査で、通常とは異なる2つのプロセスが並行すると、内部監査実施要領の整合性や監査調書の一貫性を保つのがむずかしくなる。これは避けるべきだ。アウトソーシングの採用が、現行の監査プロセスを高度化することを目的として従来と異なるプロセスをパイロット的に試行するというのであれば、理解できないわけではないが、多くの場合、業務領域の専門性や人的資源の確保が目的であり、なおさら、監査プロセスとは関係のないことである。委託先にこれまで当社内で整備運用されてきた監査プロセスに適切にあわせてもらうためにも、事前に両者で十分な打合せを行う必要がある。

往査期間における監査プログラムの進捗管理や改善指摘事項の情報共有、監査チーム内の打合せには、内部監査部門プロパーの担当者と同様に、外部コンサルタントも参加させる。彼らは、監査のプロだけあって、往査での業務プロセスの統制に対する監査視点や指摘事項の内容、監査調書のまとめ方など参考となる点は多い。外部委託に際しては、内部監査部門の業務監査の基本プロセスを堅持しつつ、逆にプロの視点の深さを享受する、というような方針で導入すると、期待値とパフォーマンスがほど良くつりあうはずである。ちなみに、監査業務の受託をし、派遣されたプロフェッショナルは口には出さないが、委託者のレベルをよく観察している。そして、委託者の業務レベル以上のサービスを自発的に提供することは、ほぼないと考えたほうがよい。

監査業務のアウトソーシングやコソーシングは、導入目的や監査プロセスなどを事前によく両者で検討すべきである。丸投げすると墓穴を掘る可能性が大きい。専門領域や人的資源に外部のリソースを活用する際は、主導権を確保するためにも、事前に内部監査の基盤である監査プロセスや監査調書の体系などを十分整備しておくことが肝心である。

第40項

内部監査人に期待される役割〝16〟の質問

最高経営責任者や取締役会が内部監査部門に期待する役割や責任は明白である。それは継続的な保証監査業務を通じて、組織のラインからなかなか見えにくく報告すら上がってこないこともあるリスクや内部統制の脆弱ポイントを報告させ、組織内で実態に関する情報の共有化を図ることによって、是正し改善に導くことにある。なぜなら、内部統制が組織体の目標の達成を合理的な範囲で、実現するシステムだからである。

換言すれば内部監査業務を担う者は、経営陣や監査対象部門の責任者等から問いかけられる以下の質問に、答えられなければならない。内部監査部門の2大監査活動として、保証活動とコンサルティング活動がある。いずれも監査業務の知見や専門性が必要とされるが、業務執行部門からの日々のさまざまな照会事項に対して真摯に応えることによって内部監査部門への信頼性が増し、監査業務活動を円滑に推進することが可能となる。読者も一緒に答えを考えてほしい。

(1) 内部統制の概念が腑に落ちません。ガバナンスとはなにが違うのですか。
(2) 内部監査はコストセンターの一部ですが、経営にどう役立っていますか？
(3) リスクマネジメントと内部監査の違いはなんですか？
(4) 会社のリスク管理体制のどこを強化する必要があるのですか？
(5) リスクの低減に最も効果的なコントロール（統制）の方法はなんですか？
(6) 監査は以前の検査とどこが違うのですか？あまり変わっていないようですが。
(7) コンプライアンス委員会は監査されていないようですが、なぜですか？
(8) 不正に対する内部監査の役割・責任は？不正を減らすことができますか？
(9) 内部監査でプロセスチェックという耳慣れない言葉を聞きますが、店内検査でも有効ですか？

⑽　内部監査では監査計画の策定時にリスク評価をするそうですが、目的はなんですか？

⑾　内部監査で「頻度」と「深度」という言葉を耳にしますが、違いはなんですか？

⑿　CSAの導入を検討していますが、どのような方法がありますか？

⒀　監査でよくヒアリングしますが、監査はヒアリングすることですか？

⒁　情報システムに品質保証がありますが、内部監査にもあるのですか？

⒂　組織の一部である内部監査部門は、だれが監査するのですか？

⒃　内部監査のアカウンタビリティとは、なんですか？

さて、このような素朴ではあるが実は高度な内容を監査部門に質問できるのは、内部統制や内部監査に関心を持ち、勉強したことがある人だけかもしれない。しかし、内部監査担当者たるもの、日頃から監査や内部統制の理論の勉強や実務を通じて、このような疑問について繰り返し自問自答して、頭を鍛えておく必要がある。

少し説明を加えると、⑴と⑵は内部統制の目的とフレームワークにおける内部監査の位置付けをよく理解する。(3)の両者の違いは、ディフェンスラインと独立性がポイントとなる。(4)と(7)はそれぞれの管理体制の整備と運用状況のPDCAを監査することによって、それらの有効性と脆弱点が見えてくる。(5)はコントロールの種類を整理し、それぞれの統制ポイントと効果を把握する。特に、同じ事前の統制である予防と指導的コントロールの違いについてしっかり理解する。

(6)の検査と監査は、準拠性と実証性テストのどちらを主体に業務プロセスの有効性を評価するかである。現在、世界的にも実証性テスト主体の監査が主流とされている。例えば、毎年実施するJ-SOXの内部統制の評価で、整備状況は実証性テスト、運用状況は準拠性テストが検証の主体となる。

(8)の不正に関する役割は2つある。1つは不正の兆候を識別するための十分な知識を持つことであり、もう一つは内部統制の有効性と効率性の定期的な評価を行うことによって、不正発生の芽を摘むことに貢献することである。(9)のプロセスチェックの監査技術は、業務現場で行う店内検査でも効果的であることは、いうまでもない。単なる準拠性の事後点検をするのではなく、プロセスの有効性を検証する自店検査の高度化を実現できる。

⑽のリスク評価は、監査対象に内部監査部門としての優先順位をつけるために実施し、総合リスクが大きい部門から優先的に監査計画に織り込む。⑾の「頻度」は監査を実施するサイクルをいい、「深度」は往査でのリスク管理状況の深掘りの程度のことだ。

⑿のCSA（Control Self Assessment、統制自己評価）は、監査部門の人的資源が限られているなかで、内部統制レビューに現場の業務責任者を取り込むことができれば、リスク管理および監視活動の精度が格段に向上するはずである。⒀の「ヒアリング」は、往査における最初の事実確認のこと。⒁の品質保証は内部監査にも求められ、外部評価と内部評価がある。特に前者は、IIAでは5年に1度は外部評価を導入せよと推奨されている。⒂は本当によくある質問だ。通常、内部監査部門の活動実績は取締役会や監査委員会が監督するが、内部監査部門の態勢の有効性の評価は、⒁と同様に外部評価の目的でもある。定期的に監査部門もその品質に関し、監査されるべきである。

最後⒃のアカウンタビリティとは「説明責任」を意味する。内部監査における説明責任とはなにか。年度監査計画や保証監査のさまざまな局面で監査部門は説明責任が問われる。そのなかで最も重要な説明責任は、監査プロセスの正当性であろう。ではその正当性をどのように証明するか。これは一つひとつの監査活動において作成されたすべての監査調書によって、その監査が確かな監査プロセスを経て実施されたかを可視化することだ。監査対象部門への予備調査に基づき、該当リスクに焦点を当て、専門的な監査プログラムのもと、統制の有効性を効果的な監査手続きで評価する。最終的に監査報告書を作成し、監査結果と改善すべき課題を明確にしたうえで内部統制をあるべき方向へと導く。これらのすべてを監査調書で証明しなくてはならない。この証明ができる監査調書の品質こそが、内部監査のアカウンタビリティを果たせるのである。

ここに掲げた経営陣や取締役会、監査役、監査対象部門の責任者等からの質問の内容は、ほんの一例である。内部監査部門全体として、あるいは個々の監査担当者は、こうした照会に適切に対応するために、日々切磋琢磨しなくてはならない。

第41項

プロの内部監査人の専門領域を知る

現在、内部監査のプロフェッショナルといわれるＣＩＡ（公認内部監査人）の資格を持つＩＩＡ（内部監査人協会）個人会員は、世界中で18万人を超えるが、その多くはそれぞれ得意とする分野、すなわち専門領域を持っている。

プロの世界では、内部監査人はその専門性によって次の3つに大別される。①財務、経理分野を含むいわゆる業務監査を専門とする業務監査人（フィナンシャル・オーディター）、②資金・為替やデリバティブを含む市場分野の監査を専門とする市場部門監査人（トレジャリー・オーディター）、そして、③情報システム全般の監査に精通する情報システム監査人（ＩＴオーディター）である。筆者の印象では、①の業務監査専門の内部監査人が全体の7割程度、②市場分野専門がおよそ1割、③情報システム監査人は2割程度であろうか。これらの内部監査人のうち、市場価値が相対的に高いのは、市場部門監査人と情報システム監査人である。これらは一般業務監査に比べ、より高度な専門性と業務経験が必要とされるからである。ここで、それぞれの分野を図表18で示したので少し説明しよう。読者は、自分がどこに属しているかを考えながら見てほしい。

まず、第1分類の財務を含む業務監査人の監査領域は広く、市場および流動性リスク、情報システム関連リスクを除くすべてのリスク管理体制をその対象とする。例えば信用リスク、オペレーショナルリスク、人事リスクや法務リスク等である。具体的には、各リスク管理体制やコンプライアンス体制、財務・経理業務（含むJ-SOX）、本社機能（経営企画、総務、人事、経営管理、法務、営業企画等）などがあげられる。主な監査対象先は、各リスクを所管する本社部門や企画管理部門、全国の営業所・営業拠点や海外拠点、重要な意思決定を行う各種委員会（リスク管理委員会やコンプライアンス委員会、危機管理委員会等）、各プロジェクト、関連子会社、外部委託先などである。

次の第2分類の市場部門監査人の主な監査領域は、市場リスクや流動性リスクなど市場取引関連のリスク管理体制やVaR、ストレステスト、バックテスティングに市場取引のミドルオフィス、資金・為替・証券等の本社フロントオフィスなどがその対象となる。主な監査対象先は、リスク管理部、ALM委員会、資金部、為替部、資金管理部などだ。

最後の第3分類の情報システム監査人は、システムリスクや情報セキュリティに焦点を当てた監査を専門に行う。主な監査領域はシステムリスク管理体制、情報システムの開発、運用、利用、資産管理、外部委託、EUC（エンドユーザコンピューティング）にコンティンジェンシープランなどがある。主な監査対象先として、情報システム部、コンピュータセンターおよびデータセンターほか本社各部門、営業店と外部委託会社などである。

（図表18）世界の内部監査の業界における専門分野の3つの領域

※1 財務・経理を含む、所謂業務監査を専門に担当する者。

主な監査領域：
- リスク管理態勢（除く市場リスク、流動性リスク、システムリスク等）
- コンプライアンス態勢
- 財務・経理
- 本社機能
  経営企画、総務、人事、経営管理、法務、営業企画等

主な監査対象：
- 本社各部門
- 営業所・営業店
- 海外拠点
- 各種委員会、プロジェクト
- 関連子会社
- 外部委託先

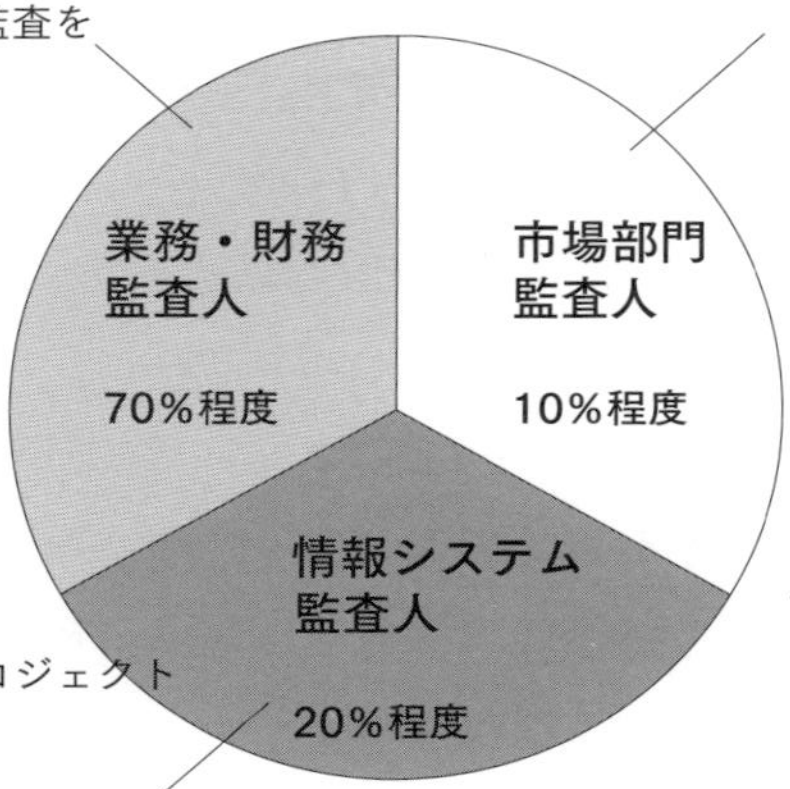

※2 資金、為替業務等市場分野の監査を専門に担当する者。

主な監査領域：
- リスク管理態勢（市場リスク、流動性リスク）
- VaR、ストレステスト バックテスティング
- 市場取引のミドルオフィス
- 本社機能（フロントオフィス）
  資金、為替、証券等

主な監査対象：
- リスク管理部
- ALM委員会
- 資金部、資金管理部

※3 情報システムに焦点を当て、IT監査を専門に担当。

主な監査領域：
- システムリスク管理態勢
- 情報システム開発、運用、利用、資産管理、外部委託、EUC、コンティンジェンシ-・プラン等

主な監査対象：
- 情報システム部
- コンピュータセンター、データセンター
- 外部委託会社
- 本社、営業店等

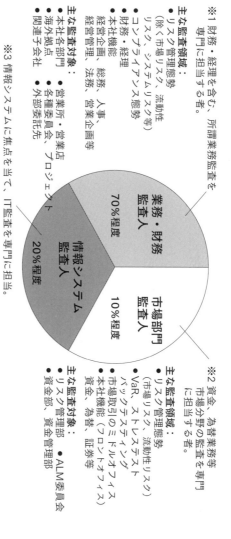

ここで、注意しなくてはならないことがある。専門領域が3つに分類されると説明したが、実際の監査業務では決してそれらが排他的でないということだ。つまり、業務監査人だからといって、市場部門や情報システムは門外漢で自分の領域ではない、などとはならない。例えば、ある企業の経営監査部は監査部長と監査担当者の2人のみとする。2人ですべての領域に関しプロと同水準の監査を行うことは不可能に近い。かといって企業に一定の情報システムリスクや市場リスクが存在する場合、監査の深度はともかく、監査計画にそれらの監査領域を外すことはできない。これは潜在するリスクに対する監査範囲の深浅を調整すればよく、業務監査人といえども情報システム等の基本的な統制の評価を行わなくてはならないのが現実である。

一方、海外では内部監査人の専門領域と監査経験およびポジションによって明確なサラリーレンジ（給与の幅）が決まっていることが多い。筆者が海外で新規に内部監査人の採用をかけたとき、その情報は大変有用で利便性が高かった。その点、日本では、残念ながら労働市場でのそのような明確な情報はまだ一般的ではない。しかし、内部監査を志す者にとって、海外のプロがもつ専門領域は今後の自身の内部監査の方向性にひとつの示唆を与えてくれるはずだ。一般的には、内部監査人になったらまず内部監査の基本的な理論を学び、リスクアプローチに裏づけられた監査実務を経験していくと同時に、ＣＩＡをはじめ国際的に価値のある専門資格を取得することが当面の目標となる。しかし、これらの監査知識のベースに、実務経験と深い専門領域を織り込んでいくことで内部監査人としての懐の深さと特長を高めることができる。

日本で一番多い業務監査人の監査領域は、３分類のなかで最も広く、業務内容も多岐にわたる。単に与えられた監査計画に従って、眼前の個別監査を遂行することに満足することなく、自身の内部監査の専門領域を広げる姿勢、努力を維持したい。ビジネスが時代とともに複雑化し、変化、発展していくと同時に、内部監査もまた役割を拡大し、発展を遂げなくてはならない。

内部監査に従事する者は、自身の監査経歴や将来への自己投資を含め、強い専門領域を持つことが大切であり、さらに１つの専門性に満足することなく、常にスパンを広げていこうとするチャレンジ精神が成長への礎となる。

第42項

監査の専門性を高める捷径

監査の専門性を高めるにはどうしたらよいか。もちろん、長く監査業務に関わっていれば、それなりに知見も増し、専門性が充実することは確かである。しかし、たとえその分野の保証監査の実経験が少なくても、監査の視点やアプローチ、監査プロセスを理解し、内部監査人に期待される監査は可能である。

例えば、中規模会社の業務監査部にいくつかの監査チームがあるとする。本部監査チームに営業店監査チーム、市場監査チーム、情報システム監査チーム、関連会社チーム、海外店監査チームなどだ。そこで1つのチームに長く所属するベテラン監査担当者があるときチーム替えになった途端に新人のようなパフォーマンスに低下するものがいる。特定の業務領域には精通しているが、監査の対象部門が変わっただけで、監査のアプローチがわからなくなる人を、「専門性が高い」とは呼べないのである。

監査業務の本質や監査プロセス、内部監査の役割や責任、独立性に客観性、リスクアプローチ、監査目線に監査調書の品質などなど、専門職としての内部監査人をめざすにはどのように歩を進めたらよいか、悩む人は多い。

筆者が推奨する、内部監査人として監査の専門性を身につけ高める近道は、内部監査の専門資格を取得することである。専門書を買って独学するもよし、内部統制やリスクマネジメントに関する講演・セミナーに参加し、先達の話に耳を傾けるのも悪いことではない。先輩が教えてくれないという声も聞く。しかし、先輩たちはなにもいじわるをしているわけではなく、自分でもよくわからないから自信をもって教えることができない、というのが実態ではないか。肝心な点は、何を勉強し習得するかを、系統立てて理解しておくことだ。体系的でない知識を闇雲に詰め込んでも消化不良を起こすだけである。

内部監査関連の専門資格は国内の資格と国際資格がある。いずれも合格するには多くの学習時間を要し、高いモチベーションと強い意志が求められる。しかし、資格取得の過程を通じて、体系だった監査理論や監査業務に必要な専門的な知識や技能、さらに監査の対象となる内部統制の枠組み、リスクマネジメントや不正関連知識などの習得が可能となる。実務での監査経験を積むことなく、内部監査の全体像と詳細をしっかり身につけることができる。

現在、内部監査の専門的な資格に図表19のようなものがある。図表上部は国際的な資格で、業務監査関連のCIAは米国のIIA（内部監査人協会）が認定するグローバルな資格である。現在はCBT（コンピュータベースのテスト）で試験が行われ、以前は年2回だった試験回数は通年でいつでも受験が可能となっている。

2番目のCISAは米国ISACA（情報システムコントロール協会）公認の情報システム監査およびセキュリティ、コントロールに関する高度な知識、技能と経験を有するプロフェッショナルで、情報システム監査人向けである。CFEは米国ACFE（公認不正検査士協会）が認定する不正の防止、発見、抑止の対応を目的とする国際的なエキスパートである。

下部は金融内部監査士、QIA、QISIAはいずれも日本内部監査協会が認定する国内の資格である。ただ、誤解を恐れずにいえば、内部監査人として自身の市場価値を高めるのは、国内の資格よりも国際資格である。

これら資格の取得がなぜ内部監査の専門性強化の早道となるのか。それは、それぞれの

（図表19）内部監査の国際資格と日本の資格の種類

<table>
<tr><th></th><th>資格の名称</th><th>試験日</th><th>試験会場</th></tr>
<tr><td rowspan="6">国際資格</td><td rowspan="2">公認内部監査人
（CIA）</td><td>通年</td><td>各地テストセンター</td></tr>
<tr><td colspan="2">☆内部監査、監査役監査、外部監査、リスクマネジメント、内部統制等いずれかの実務経験2年以上</td></tr>
<tr><td rowspan="2">公認情報システム
監査人
（CISA）</td><td>年3回（試験期間
5-6,8-9,11-12月）</td><td>東京、大阪、
名古屋、福岡、沖縄</td></tr>
<tr><td colspan="2">☆情報システム監査、コントロール、セキュリティ分野の実務経験5年以上</td></tr>
<tr><td rowspan="2">公認不正検査士
（CFE）</td><td>年2回
（6月,12月の土・日）</td><td>東京、大阪</td></tr>
<tr><td colspan="2">☆不正対策に関連する業務経験2年以上等</td></tr>
<tr><td rowspan="6">国内資格</td><td rowspan="2">金融内部監査士</td><td>通信講座は
集中講義の受講</td><td></td></tr>
<tr><td colspan="2">☆実務経験2年以上</td></tr>
<tr><td rowspan="2">内部監査士
（QIA）</td><td>年3回
認定講習会を開催</td><td>東京、大阪</td></tr>
<tr><td colspan="2">☆所定の講習の受講と修了論文の認定</td></tr>
<tr><td rowspan="2">情報システム
監査専門内部監査士
（QISIA）</td><td>年1回
認定講習会を開催</td><td>東京</td></tr>
<tr><td colspan="2">☆所定の講習の受講と修了論文の認定</td></tr>
</table>

資格の出題シラバスが広範囲に及ぶからである。例えば、ＣＩＡの出題範囲は２０１９年の試験から一部改訂され、図表20のとおりである。「内部監査に不可欠な要素」のパート1、「内部監査の実務」のパート2、そして「内部監査のためのビジネス知識」のパート3の3科目で構成される。実務経験と試験合格によってＣＩＡの称号を与えられる。一般に公認会計士の資格取得に１２００時間を要するといわれるが、筆者のおおざっぱな印象では、もちろん個人差はあるだろうがＣＩＡ取得に３００時間程度かかるであろう。この準備期間の試験勉強で、内部監査の基本から内部統制、リスクマネジメントなど内部監査人に必要な広く深い分野の研鑽を積んでいく。これは将来の自身への貴重な投資ともなる。もし合格には至らなくても、そこまでにかけた学習時間は決して無駄になることはない。必ず、その後の監査業務に結実するはずである。

専門資格の試験は途中でチャレンジを諦めてはならない。一度始めたら、取得する最後までやり遂げる。途中で挫けそうになっても頑張り続ければ、ついにＩＩＡから正式な認定証が届いた瞬間に、それまでの苦労が一気に吹き飛ぶはずだ。仕事が休みの日にも机に向かい勉強を続けるあなたを応援してくれた家族ともども格別の達成感に浸ってほしい。

専門的な資格へのチャレンジは、はじめに余裕をもった取得計画を策定し、モチベー

（図表20-1）CIA パート1—内部監査に不可欠な要素

ドメイン	出題シラバス
I	内部監査の基礎（内部監査の定義、目的、権限および責任）
II	独立性と客観性
III	熟達した専門的能力および専門職としての正当な注意
IV	品質のアシュアランスと改善のプログラム
V	ガバナンス、リスク・マネジメントおよびコントロール
VI	不正リスク

出所：IIA（内部監査人協会）「CIA試験：改訂の背景と内容」をもとに筆者作成

（図表20-2）CIA パート2—内部監査の実務

ドメイン	出題シラバス
I	内部監査部門の管理 1. 内部監査部門の運営 2. リスクベースの内部監査計画の策定 3. 最高経営者および取締役会への伝達と報告
II	個々の業務に対する計画の策定 1. 個々の業務に対する計画の策定
III	個々の業務の実施 1. 情報の収集 2. 分析および評価 3. 個々の業務の監督
IV	個々の業務の結果の伝達および進捗状況のモニタリング 1. 個々の業務の結果の伝達およびリスク受容 2. 進捗状況のモニタリング

出所：IIA（内部監査人協会）「CIA試験：改訂の背景と内容」をもとに筆者作成

（図表20-3）CIA パート3─内部監査のためのビジネス知識

ドメイン	出題シラバス
I	ビジネス感覚 1. 組織体の目標、行動および業績 2. 組織構造とビジネスプロセス 3. データ分析
II	情報セキュリティ 1. 情報セキュリティ
III	情報技術（IT） 1. アプリケーションおよびシステム・ソフトウェア 2. ITインフラおよびITコントロール・フレームワーク 3. 災害復旧
IV	財務管理 1. 財務会計および財務 2. 管理会計

出所：IIA（内部監査人協会）「CIA試験：改訂の背景と内容」をもとに筆者作成

ションを最後まで維持してやり遂げることが大切だ。次項で「ＣＩＡ合格の秘訣」を詳しく述べる。受験を志す人は精読してほしい。そしてこれら専門資格へのチャレンジでは、可能であれば志を同じくする仲間を募り、競争でなく切磋琢磨することも効果的な方法である。

第43項 （特別稿）ＣＩＡ合格の秘訣

ＣＩＡは内部監査業務の分野において、欧米だけでなく世界中で広く認められている国際的な資格である。アジアで最もＣＩＡを保有する国はどこであろうか。企業のガバナンスを支える内部監査への関心が高い国に多そうだが、意外にも中国であり、2位に台湾、3位日本と続く。近年、ＣＩＡは業種や企業規模を問わず、内部監査業務に従事する者はもちろん、リスク管理やコンプライアンスの責任者、さらに監査法人の公認会計士やコンサルティングファームのプロフェッショナルが取得をめざす傾向がみられる。また、監査部門に多数のCIAを確保することによって、組織体の内部監査業務の品質が評価され、監査業務の高度化の実現が容易となる、ともいわれている。

CIA同士は、内部監査業務について世界共通の言語と尺度で語りあえ、海外拠点のインターナルオーディター（内部監査人）と協働して保証監査を行うことができる。

ここでCIAの資格試験に関するFAQを解説しよう。

Q 受験言語の選択は日本語、英語のどちらが優位？

A 一度の受験で選択可能な基本言語は一つである。ただし、CBTに移行した現在は日本語を選択し受験する場合でも、PCのドロップダウンメニューから必要に応じて英語の問題文を確認できるようになっており、大変に便利である。

Q 受験準備の勉強時間は、どの程度必要か？

A もちろん個人差があるが、1週間の勉強時間を10時間程度として、平均所要時間はパート1で5－7週間、パート2が6－8週間、パート3は8－10週間程度である。このため、少なくとも受験の3カ月前から準備に入る必要がある。

Q 試験の合格率は何%くらいか?

A 国別の合格率は非公表だが、グローバルベースの合格率はおおむね39－42%となっている。かなり高い合格率だが、これまでの筆者の感覚では日本人の合格率は、パートにもよるが20%前後ではないか。グローバルベースの数値よりも低いが、CIAは国別のスケールドスコアの採点方式を採用しており、詳細は不明である。しかし、あまりむずかしく考える必要はない。

Q 試験科目は3パートに分かれているが、受験に順序はあるのか

A CIAの資格試験は、パートごとの受験順序や数に制限はない。律義にパート1から順に受験するのもよいが、やはり効率よく臨みたい。パート1とパート2は関係が深い。前者は、内部監査の不可欠な要素として基本事項が出題され、後者は内部監査の実務である。この両者をまとめて勉強し1回で受験する者は多い。最後のパート3は、内部監査に必要とされるビジネス知識であり、出題範囲のうち、情報システム

が45％、財務管理が20％と、両者のシラバスで6割強を占める。したがって作戦としては、パート1と2と切り離し、先に受けても、後で受けてもかまわない。ＩＴや財務管理の業務経験や知識があれば、パート3を先に受験するという選択もある。

Q 試験結果はいつわかる？

A 試験結果は、試験終了後、その場で〝仮〟結果（score report）を試験担当者から渡される。正式な結果は米国のＩＩＡ本部から受験月の翌月末までに通知される。筆者が受験した当時は年2回の試験機会で、結果は2カ月後に郵送だった。待ち遠しくも、出題された問題を復習すると同時に、それまでの勉強の疲れを癒す時間があった。現在はその場で仮結果がフィードバックされるので、試験を終えた余韻に浸る間はなく、喜びも落胆も刹那的である。

Q 不合格の場合、再受験はいつから可能か？

A 残念ながら不合格となった際の再受験は61日以降と定められ、2カ月の準備期間が設けられている。

さて、CIA合格に向けて資格の専門学校のCIAコースを申し込むのもよいが、独学で受験する者は大変多い。筆者のこれまでの同コースでの講師経験をふまえ、これから受験する読者に合格の秘訣を紹介したい。

1. まず、最低でも各パート受験の3カ月前から勉強に着手する。
2. 一度の受験（2日間）で3パートすべてにチャレンジする人も少なくないが、どちらかというと成就しないケースが多い。12－18カ月程度の余裕ある取得計画を策定し、ゆとりをもって取り組むほうがよい結果になりやすい。
3. 試験問題のほとんどが、いわゆる暗記問題ではなく、ケーススタディの応用問題で構成される。準備においても、こうした試験問題への慣れが必要。
4. 問題は、内部監査や内部統制に係る基本事項の理解がきわめて重要である。この部分の理解なくして合格はむずかしい。
5. 独学でのテキストは、レッドブック（第8項参照）と「GLEIM CIA Review」（日本語版）を使う。いずれも日本内部監査協会で購入できる。

6．パート1と2の「GLEIM CIA Review」の巻末付録には、各章それぞれのレッドブック該当箇所が掲載されている。第1章から学習するが、同時にレッドブックを横に置き、該当箇所を精読しながら勉強すると効果的で理解が促進される。

7．問題の正答を得るヒントは、選択肢（A～D）よりもむしろ設問の内容にある。受験者を悩ませるのは、設問が何を問うているのかを迷わせる問題である。例えば、内部監査の実施〝目的〟を問う問題で、選択肢に〝手段〟が並んでいたりする。監査の目的は有効性の評価であり、手段は通査や観察などの監査技術である。

8．問題はすべてA～Dの4答択一だが、2つはすぐに外れとわかり残りの2択で悩むケースが多い。その場合、より〝リスクが高い〟かまたは、より〝コントロールが強い〟選択肢を選ぶと、正解となることが多い。

9．各パートとも、試験開始前にタイムマネジメント（時間管理）をしっかり決めておく。ＣＩＡ試験は問題数も多く試験時間も長いので、何も考えず丸腰で臨むと失敗する。

10．1つの問題にこだわりすぎるといたずらに時間を費消してしまう。これがいちばん怖い。その問題はとりあえず解答して Review Flag ボタンで保留しておき、後で再考する。試験は時間との勝負でもある。

11．問題に知らない専門用語が出てきても慌てる必要はない。冷静に設問が問う論点に集中しよう。論点から外れるもっともらしいひっかけ選択肢が多いので注意する。

ＣＩＡは合格することが最終目的ではなく、あくまでも手段である。受験の勉強を通して数カ月間学んだ内部監査の専門的なプロセスや監査技術、監査報告書の意義はもとより、内部統制、リスクマネジメントそして不正や情報システム、財務・管理会計などに関する幅広い知識を、保証監査の実務の現場で、専門性を発揮しながら活かしきることこそ、ＣＩＡの真の価値となる。

翔の章

新たな内部監査業務への挑戦

第44項

ダイバーシティー・〝女性のための内部監査の実務講座〟

筆者は2010年から毎年、日本女子大学リカレント教育課程で、女性のための「内部監査の実務講座」を担当している。リカレント教育課程は、女性の社会進出を支援するプログラムである。結婚、子育て、リストラ、倒産、介護等さまざまな理由で仕事から離れていた女性が、再出発を果たすためのカリキュラムが多数（ITリテラシー、企業会計、貿易実務、マーケティングマネジメント、社会保険労務士、そして内部監査等）用意されている。受講する女性たちが1年間で新たなキャリア形成のための分野や技術、資格を学び、正社員として新たな人生の旅立つ手助けをするものである。

21年6月に東証が公表した改訂版コーポレートガバナンス・コード【原則2－4．女性の活躍促進を含む社内の多様性の確保】には、「上場会社は、社内に異なる経験・技能・属性を反映した多様な視点や価値観が存在することは、会社の持続的な成長を確保する上での強みとなり得る、との認識に立ち、社内における女性の活躍促進を含む多様性の確保を推進すべき」とある。筆者はかねて日本の内部監査人に、海外や他の専門職と比べて極端に女性が少ないことが気になっていた。例えば内部監査と似たところがある公認会計士の場合、20年度の試験合格者の約25％は女性である。海外の内部監査人のおよそ3割が女性である。内部監査の国際的共通知識体系（ＣＢＯＫ）の15年の調査には、５４００人を超える女性が参加し、全回答者の38％（ＣＡＥ回答者の31％）を占める。

筆者は00年頃から、個人的にそのような問題意識のもと、講演や研修等でことあるごとに女性の内部監査への進出を勧めてきた。そうした折に、文部科学省の「社会人の学び直しニーズ対応教育事業」に参加し、リカレント教育・再就職システムを開講した日本女子大学から声をかけられ、お手伝いをすることにした。

当講座の授業では、受講生の女性向けに内部監査の業務を次のように紹介している。

「先進諸国では内部監査業務への女性の進出、登用は、弁護士や公認会計士同様多くみられます。内部監査は社会のニーズも高く成長性のある仕事で、今日日本で女性の進出が大いに期待されています。本講座は、女性の内部監査人の育成をめざす日本で唯一の講座で、社会の求めるニーズと皆さんの新たな可能性の架け橋となるものです。役職員の会社資金の横領や着服、経費の流用やキックバック、粉飾決算など社会の信頼をゆるがす企業の不祥事があとを絶ちません。内部監査は専門的な知識と注意深い目線で、会社の管理体制を検証し、これらの不正の発生を未然に防ぐことに貢献します。また、会社のしくみやルール（「内部統制」という）の有効性と効率性を定期的に検証し、評価した上で、是正と改善に向けた提言を行います。このように会社の経営に幅広く資するのが、内部監査の仕事です。」（日本女子大学リカレント教育課程HP「再就職のためのキャリアアップコース」案内より）

これまで自身の経歴からは全く内部監査に関わったことのない彼女等に対し、内部監査の仕事をやさしく解説し、内部統制やリスク、コントロール、不正行為等の知識に、監査業務のプロセス、技術等を実務的な話を交えて説明する。たとえ内部監査の実務経験がなくとも、専門的な監査知識を学ぶことによって監査の下地は身につく。また、この講座で同時に学ぶ「リスク管理」の考え方は、監査業務だけでなく、広く社会生活にも応用できる。

毎年15～25名の女性が当講座を受講し、修了後実際に上場会社の監査部門に就職した者もいる。また講座は、ＣＩＡの準備講座としても位置づけられ、講義ではＣＩＡの受験テキストの解説や模擬問題なども行っている。

では、講義の具体的な内容はどのようなものであろうか。最近の大学の講義の1クールは、100分×12回授業を基本とする。この限られた期間に、内部監査の定義やプロセス、評価の対象となる内部統制などの基本事項をすべて習得するのは、正直いって容易ではない。講義をする筆者も受講する側も、事前の学習、受講後の復習・質疑をマメに行い、皆真剣である。要点を絞り、実例を織り交ぜ、内部監査の臨場感を意識しながら講義を進め、受講者の理解の促進を図るよう努めている。主なカリキュラムは次のとおりである。

1. (特別講義) 内部監査の業務と成長性―ニューキャリアの創造
2. 内部統制の概念とフレームワーク
3. リスクの理解と情報セキュリティ
4. 内部監査のバイブル「専門職的実施の国際フレームワーク」(IPPF)
5. 内部監査の独立性と客観性の重要性

6. ガバナンスとコンプライアンスの体制整備
7. コントロール（統制）の知識
8. 不正行為の種類と不正抑止への内部監査の役割
9. リスクベースの年度監査計画の立案
10. 個別監査の監査計画の策定
11. 個別監査の実施と結果の伝達
12. 公認内部監査人（ＣＩＡ）合格のコツ

講義当初は、受講生の誰もが内部監査の専門用語のオンパレードに辟易するようだが、筆者は「まったく心配する必要はありません」と伝えている。なぜなら、はじめのうちは難解と感じる概念も、講義を重ねるうちに次第に理解が深まり、そのうちふだんの生活のなかでも「リスク」とか「コントロール」といった言葉を自然に使うようになる。

米国で始まったダイバーシティは、現在日本のどの企業でも対応が求められる喫緊の課題となっている。一方、改正会社法で企業のグループガバナンスの強化が強調されたことで、内部統制の重要な役割を担う内部監査の人材の確保が、持続可能な経営戦略に欠かせない一手となるはずである。これからの日本の内部監査の発展に不可欠な人財として女性を積極的に登用していくことが重要な一歩になろう。

第45項 不正行為への内部監査人の役割と提言

意外に思う読者も多いかもしれないが、実は内部監査人には不正の摘発を行うことは求められてはいない。内部監査人の役割とは、不正の兆候（危険信号）を識別するための十分な知識を習得し、内部監査の保証活動を通じて、不正の発生を抑止する内部統制の仕組みづくりに貢献することである。この不正に対する基本的な役割を理解したうえで、職責を効果的に果たすために、さまざまな不正についての知識を蓄えておく必要がある。

〝不正のトライアングル〟

一般に不正発生の原因として、米国の犯罪学者ドナルド・R・クレッシーは3つの要因があると分析した。すなわち、〝動機〟・プレッシャーの増加、不正を犯す〝機会〟、不正行為の〝正当化〟の3つで、これを「クレッシーの不正のトライアングル」と呼ぶ。世界経済犯罪の意識調査では、会社の業績の好不調にかかわらず、不正は普遍的なビジネスリスクとして認識されている。3つの要因のうち、動機が68％、機会は18％で正当化が14％と、他人と共有できない経済的な問題による〝動機〟の理由が最も多い。具体的には、①非現実的な業績目標への強いプレッシャー、②個人的な失敗による負債、③孤立、④地位向上への欲望や、⑤雇用者と被雇用者との関係などがあげられる。

次の〝機会〟は、①背信行為を犯すことのできる地位・ポジション、②雇用主の信頼を利用できる立場にある、③違反行為に必要な知識や技術を保有することなどである。一般に地位、ポジションの高い者は職権も広い。経営者の過度な信頼が盲点となり、そこにリスクが潜む。

最後の不正を〝正当化〟する言い訳として、①転用した資金は横領ではなく、単に借用しているだけ、②なによりも予算の達成が大事ではないか、③上司から指示された、あるいは（不正を）黙認されている、などがあげられる。

いずれにしても、内部監査人としては、社内の業務環境、労働環境などに細心の注意を払う必要があるということだ。

横領の可能性を示す兆候

では、不正の兆候にはどのようなものがあるだろうか。さまざまな兆候が文献で示されているが、横領の可能性を示すものや会社レベルの不正の兆候を見ていこう。まず、横領の可能性を示す兆候として、次のような事例があげられる。これらは横領が実際に発生していなくても、状況の延長線上に発生するリスクがあるということである（Sawyer's Internal Auditing vol.4 参照）。

1. 社内の同僚から、繰り返し少額の借金を重ねている。
2. 債権者や集金人が職場に現れる、あるいは社員が債権者とおぼしき先へ頻繁に電話をかけている。
3. 監査によるヒアリングの際、（自分への疑惑を逸らすために、）他人を意図的に批判する。
4. 監査担当者の質問に、合理的ではない説明を繰り返す。

5. 自己の支払能力を超えたギャンブル（パチンコ、競馬、競艇等）にはまっている。
6. 過度な飲酒、遊興、あるいは疑わしい人物との付き合いがある。
7. 仕事の関係を通じて、高級車や贅沢な家庭用品を購入したり手に入れている。
8. 勤務時間中に帳簿の管理から離れることを拒み、いつも最後まで残業している。
9. （発覚をおそれ、）休暇を取得することを拒否し、昇格を辞退する。
10. 仕入先の人間といつも付き合っていて接待を受けている。接待の記録もない。
11. 銀行口座に多額の残高がある、あるいは株を大量に売買（デイトレード）している。
12. 人並み外れた高い生活水準が可能な理由として、不動産からの副収入があると説明する。
13. 本人や家族の病気が長引き、借金返済の見通しが立っていない。

もちろん、これらがすべてではないが、不正の発生の可能性を常に念頭に置いて、業務プロセスや管理態勢を注意深く観察する必要がある。

会社レベルの不正の兆候

次に、会社レベルの不正だが、これは内部監査人単独では発見することがむずかしい場合がある。そのために、監査役や外部監査人等との不断の情報交換や業務監査、会計監査との連携が有効となる。会社レベルの不正の存在の可能性を示す、次のような状況に留意する。

- 同じ業界の他社と比較し、成長や利益増大が急激である。
- 運営に大きな相違がないのに、財務業績が競合他社より著しく良好である。
- 業況の趨勢や財務諸表に説明できない重大な変化がある。
- 分権的経営が行われ、かつ内部報告システムが脆弱。
- 利益は堅調だが資金が不足している。
- 将来の成長について、非常に楽観的な見通しを公表している。
- 実態と異なるノルマに一致させる会計処理、あるいは業界の慣行から乖離した会計処理を適用している。
- 負債比率が非常に高く、債務の弁済が困難である。

●行動規範（行為要領）が実施されていない。
●期末近くに複雑、非通例的な、あるいは重要な取引がある。
●非通例的な関係会社との取引がある。等
これらの兆候は、常に不正の存在を確実にするとは限らない。兆候は固有の特性をもつことから、その識別に関して内部監査人が留意すべき点がある。

1．兆候の情報は、正式な監査業務のプロセスでは収集されにくい。
2．兆候は主観的なものであるため、数値化または評価することがむずかしい。
3．兆候が常に不正状況と関係しているとは、限らない。

早合点は禁物であるが、不正の兆候を意識しながら、監査業務に携わらなくてならない。

不正調査への内部監査人の役割

内部監査人の不正行為に対する責任や不正調査の役割は、どのようなものか。

図表21は、内部監査人の役割を、不正の兆候の識別から不正調査まで、5段階で図示している。

(1) 不正の特徴、方法、種類などについて、十分な知識を持ち、不正の兆候をつかむ。

(2) 不正の発生を許すような行為がないか気を配る。

(3) 不正の兆候を判定し、どのような措置が必要か、あるいは調査の実施を勧告すべきかを決定する。

(4) 不正の兆候が十分にあると判断した時には、組織内の適切な権限を有する者に知らせる。

(5) しかるべき体制で不正調査を実施する。

それぞれの注意点を横に簡記しているので、参考にしていただきたい。

もし、最後の不正調査に内部監査人が参加を要請された場合、不正の疑いを持たれた従業員から逆に、名誉棄損や「ヒアリング名目で監禁された」などと訴えを起こされないよう留意する。

（図表21）内部監査人の不正行為に対する責任と不正調査の役割

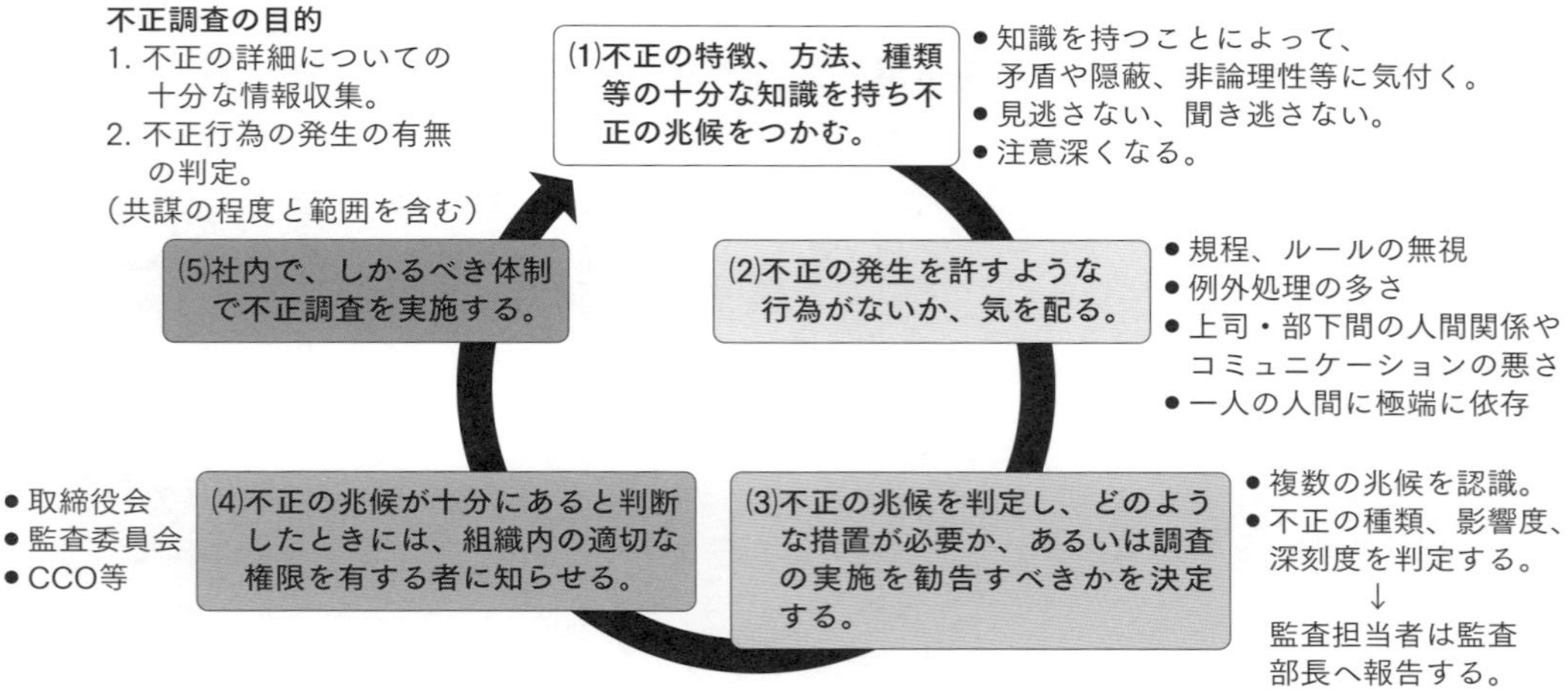

不正調査の目的
1. 不正の詳細についての十分な情報収集。
2. 不正行為の発生の有無の判定。
（共謀の程度と範囲を含む）
(1)不正の特徴、方法、種類等の十分な知識を持ち不正の兆候をつかむ。
●知識を持つことによって、矛盾や隠蔽、非論理性等に気付く。
●見逃さない、聞き逃さない。
●注意深くなる。
(2)不正の発生を許すような行為がないか、気を配る。
●規程、ルールの無視
●例外処理の多さ
●上司・部下間の人間関係やコミュニケーションの悪さ
●一人の人間に極端に依存
(3)不正の兆候を判定し、どのような措置が必要か、あるいは調査の実施を勧告すべきかを決定する。
●複数の兆候を認識。
●不正の種類、影響度、深刻度を判定する。
↓
監査担当者は監査部長へ報告する。
(4)不正の兆候が十分にあると判断したときには、組織内の適切な権限を有する者に知らせる。
●取締役会
●監査委員会
●CCO等
(5)社内で、しかるべき体制で不正調査を実施する。

不正対策への提言

最後に、全社的に導入される不正の抑止対策についてふれる。多くの会社で導入される代表的な不正対策・施策に、次のようなものがある。

① 不正対策ホットライン、あるいは匿名報告システムを設置する。
② 従業員、マネジャーに対して不正リスクに対する認識の向上、倫理に関する訓練・研修を実施する。
③ 内部監査部門、または不正検査部門を設置する。
④ 定期的に抜き打ち監査（サプライズ・オーディット）を実施する。
⑤ 外部監査人による監査を実施する。

これらで、導入実績が最も高いのは⑤の外部監査である。しかし、社内調査よりも費用がかさむ反面、不正の発見の効果は一般に低い。逆に約半数の会社で導入される①の不正対策ホットライン、いわゆる内部通報制度の効果は大きいようだ。これをうまく機能させるには、通報者の人権、情報の守秘義務などの強化が必要であることは、いうまでもない。東証公表の改訂版コーポレートガバナンス・コード【原則2－5】でも、取締役会の内部通報に係る適切な体制整備の責任を強調している。

②の不正リスクの研修の目的の第1は、不正がどのようにして行われるかの認識を高めること、第2に不正を直接目撃し、疑いを持った場合に、見逃すことなく報告するなど、事態の重大性を強調することだ。不正は、「遅かれ早かれ、必ず見つかる」ことを徹底しておくのも重要だ。

前述のとおり、内部監査人は直接不正行為の発見や摘発を行う責任は有していない。しかし職責上、内部統制に対する継続的な保証監査を実施するうえで、何らかの不正の兆候に接する機会も多いはずである。そのために、不正の一般的態様や個人レベル、会社レベルの危険信号や不正対策などについての見識は必要でありその見識はまた、内部統制の検証視野を広げ、不正可能性への予知能力を高める。日ごろの保証監査の品質を向上させる努力を通じて、社内に監視機能の存在を知らしめることこそ内部監査部門による不正発生の抑止の最善の策なのである。

第46項

コンサルティング会社と〝Win-Win〟となる秘訣

いまや社内業務の外部委託が全盛の時代である。どの企業も社内の業務を分割、細分化し、可能な限り業務を外部に委託するようになった。昭和の高度成長期では考えられなかった採用、給与計算、教育などの人事部門や企画、開発、運用、保守を含む一連の情報システム分野、契約書や重要書類の保管業務など多くの業務が、会社内部で完結させずに、外部へ業務委託される時代である。そのトレンドとともに、内部監査業務の主戦場もまた、社内だけでなく外部の委託会社にまで広がった。

2015年5月に施行された改正会社法では、当該会社のみならず親会社、子会社を含むグループガバナンスが強化された。従来の重要情報の管理体制やリスクマネジメント体制、業務の有効性と効率性にコンプライアンス体制の整備に加え、当該株式会社並びにその親会社と子会社で構成される企業集団の業務の適正を確保するための体制、いわばグループ内部統制システムの充実が求められている。

その結果、監査の対象は、社外の業務委託会社から親会社、子会社のグループガバナンスと広範囲に及び監査業務はその役割の重要性とともに監査の遂行は決して簡単な仕事ではなくなった。会社法などの法律用語への習熟もさることながら、自社の業種の特性や事業規模に合わせた内部監査業務を遂行するには相応の専門性が必要となる。監査部員の継続的で体系的な教育研修制度を構築するには時間もかかる。そのようなときに、手っ取り早く外部の専門家の力を効果的に活用したいと考える経営者や内部監査部長は決して少なくない。

一方、多くのクライアント（取引先）を抱えるコンサルティング会社は、多種多様なニーズに直面し、内部監査や内部統制への支援が容易ではない環境下にある。日本の社会全体としてまだまだこの分野の人材が不足しているという事情もある。内部監査部門が外部のコンサルティング会社を選ぶ際には留意する点がある。それは、コンサルタントはすべての分野に精通するオールマイティではないということである。

一般に、外部のコンサルタントの多くはクライアントから「先生」という呼称にふさわしく広範な知見を有し、何でもできるように思われる。実際どんな悩みを相談しても、誠実に回答や参考意見を提供してくれることが多い。しかし実際問題としてコンサルタントはそれぞれ得意分野を有するが、内部監査に精通している者は企業が考え、期待するほどに多くはないというのが現実だ。もちろん、内部監査の専門的な研鑽や監査業務の実務経験を積んできた者が派遣されてくればラッキーだが、外れるとこわい。コンサルタント会社は、最初のプレゼンテーション（提案）のコンペ、すなわち複数の業者を競わせて、そのなかで優劣をつけ業者を1社に絞る段階では、トップクラスがプレゼンをすることが多い。しかし、晴れて契約が締結され業務支援の段階になると、担当が変わってしまうこともある。プレゼン資料の末尾には、必ず支援体制の図が掲載され、多くの場合、プロジェクトの協力者やアドバイザーが記述されている。ここで企業側が特に留意したいのは、だれが実際に具体的な支援に携わるか、その支援者の経歴はどうかである。もちろんプロジェクトの最終段階の報告会では再び責任者が登場するが、企業にとってより重要なのは実際の業務支援コンサルタントである。

企業が内部監査の経験の浅いコンサルタントに当たって失敗しないためには、提案の段階で実際に現場支援を担当するコンサルタントと直接面談するのが大切だ。依頼の意図や目的を十分説明し、それらへの支援経験や知識の深さ、説明への反応やトーク（説明力）

をじっくり観察する。これを通じて支援者の能力を判定する。コンサルティング会社に遠慮せずに、面談を要請するだけで、後から悔やむことはぐっと減る。一般に企業側では、コンサルティング会社は常に豊富な人材を擁し、また案件ごとに総力を結集して支援してくれるはずと考える。しかし現実問題としてコンサルティングの成果は、実際に派遣されたコンサルタントの支援の品質によって大きく左右される。

経営者の内部統制強化への強い方針や姿勢もあって、どの会社でも内部監査担当人員を増強する傾向にある。次の課題は、増員した人材の育成であり、監査の品質の向上である。そこで外部のコンサルティング会社の力を借りることは、コスト的にも効率性の観点からも理にかなっている。内部監査部長が留意しなくてならない点は、コンサルタント会社の営業担当者による巧みなプレゼンテーションに惑わされることなく、実際に現場で監査支援をするコンサルタントに視点を合わせることである。コンサルティング会社へ要望を出し、面談し、じっくりこちらが求めるニーズの理解や知見の有無を判断する。これが内部監査部門とコンサルティング会社の双方が〝Ｗｉｎ‐Ｗｉｎ〟の関係となる秘訣である。

第47項

J-SOXの有効性評価とアサーション

J-SOXにおける経営者の有効性評価のステップには、業務プロセスの整備状況と運用状況がある。評価作業は整備が実証性テスト、運用が準拠性テストと考えるとわかりやすい。監査担当者は日常的に行う業務監査で実施するこれらの監査技術がJ-SOXでは役に立つ。

2008年4月以降の会計年度から施行されたJ-SOXでは、毎年財務報告に関する内部統制の有効性の評価を企業に義務づけている。具体的には、全社的な内部統制に決算財務プロセス統制、業務プロセス統制、IT全般統制などである。評価および報告のプロセスは、経営者による①財務報告に係る内部統制の設計と運用、②手続きの可視化、③各統制の有効性評価、そして④重要な欠陥や不備の是正、改善、最後に評価結果をふまえた(5)内部統制報告書の作成だ。これら評価作業の終了後に、監査人が内部統制の評価に対する監査を行い、意見の表明として内部統制監査報告書を公表する。

この評価プロセスで、経営者にかわって内部監査部門に期待されるのは、特に業務プロセスなどの有効性の評価作業である。評価自体は内部監査部門が通常実施するリスクアプローチの保証監査同様、業務プロセスの検証、評価、報告、改善という手続きを踏むので、それほどむずかしい内容ではない。有効性の評価作業で、比較的複雑で専門性が求められるのは、運用状況よりもむしろ、整備状況のほうだ。整備状況の評価は大きく分ければ、①財務報告が歪められる〝リスク〟が、正しく漏れなく把握されているかの確認、もしくは、②それぞれのリスクに対する手続きや統制（コントロール）の有効性、十分性を確認する作業となる。いずれにしても、財務報告の正確性、信頼性を担保するリスクに対する統制の正当性を証明することである。

ここで、内部監査人としては必ず知る必要のある、財務報告を歪めるリスクについて説明する。財務に係るリスクは、主に〝アサーション（assertion）〟を軸として、内部統制の有効性を評価する。アサーションとは経営者の主張や意見表明という意味だが、これは開示される自社の財務報告書の正確性と信頼性を保証する要件を示す。J-SOXではアサーションとして図表22のように6つの要件が定義されている。実体のない架空取引が含まれる〝実在性〟が損なわれるリスクや起票相違、あるいは起票漏れが発生して〝網羅性〟が損なわれるリスクなどである。

アサーションは、会計監査人なら当たり前の概念だが、内部監査人にはなじみが薄い。そこで覚えるのに良い方法がある。それは、〝気づく〟〝理解する〟という意味の〝Perceive(パシーブ)〟と覚える。英文字を順に、Pは「表示の妥当性」を表すPresentationの〝P〟、Eは「取引の実在性」のExistenceの〝E〟、Rは「権利と義務の帰属」を意味するRights & Obligationsの〝R〟、Cは「取引の網羅性」のCompletenessの〝C〟、Vは「評価の妥当性」のValuationの〝V〟、そして最後のAはご愛敬でEをAと読み替え、「期間配分の適切性」を意味するAllocationの〝A〟と覚える。Perceiveを順に、P・E・R・C・V・Aの6文字でアサーションは完結する。

次に、個々の取引の発生から財務報告に計上されるまでの業務処理の流れを想定して、それぞれのリスクが取引の処理のどの段階で発生する可能性があるかを想定するとよい。例えば、取引の上流すなわち取引の申込みの初期の段階、特に取引現場の営業店などのフ

（図表22）財務報告書の正確性と信頼性を保証する要件一覧

財務報告に係るリスクと信頼性を担保する要件		
P	表示の妥当性（Presentation）	■財務諸表に計上される取引や会計事象は適切に分類され、表示し、開示されているか。
E	実在性（Existence）	■資産/負債が評価時点で実際に存在し、記録された取引や会計事象は実際に発生したものか。
R	権利と義務の帰属（Rights & Obligations）	■計上されている資産は権利を保有し、負債に対する債務が企業に帰属しているか。
C	網羅性（Completeness）	■計上されるべき資産、負債、取引や会計事象が財務諸表にすべて記録されているか。
V	評価の妥当性（Valuation）	■資産、負債は適切な価額で計上されているか。
A	期間配分の適切性（Allocation）	■収益、費用は適切な期間（決算期間）に配分されているか。

ロントオフィスで発生するリスクが高いのは、取引の実在性〝E〟や正規の契約に基づく権利と義務の帰属の〝R〟、そして取引の網羅性〝C〟である。逆に、取引の下流すなわち経理部や財務部等の本社管理部門で発生しやすいリスクは、財務報告の表示の妥当性の〝P〟や決算処理時の評価の妥当性の〝V〟や損益補正などの期間配分の適切性の〝A〟となる。

ここまで理解しておけば、業務プロセスの整備状況の有効性評価における実証性テストの視点は、各段に鋭くなる。運用状況の評価に比べ、整備状況の評価はむずかしく、頭を使うといわれるゆえんである。

では、運用状況の有効性評価はどうか。こちらは、財務報告に係る業務プロセスの整備状況の評価で問題がないということを前提として、リスクを低減する統制のなかで特に重要なキーコントロールを選択し、その正当性を検証する作業である。つまり、可視化されたリスクコントロールマトリクス（ＲＣＭ）に記載されたキーコントロールへの準拠性をサンプル調査で、証憑を検証する作業となる。日次で発生する取引を例にとると、発生件数に応じて25～60件のサンプルを、乱数表を用いて会計年度期間内の取引を偏りなく抽出する。これは力仕事となる。評価作業は①準備されたサンプル件数の正確性の確認と、②

キーコントロールで説明された内容、例えば責任者の承認印の有無の検証などである。検証自体は単純で複雑なものとはいえないが、コントロールの必要とされるサンプル数の証憑を確保するのは、根気のいる作業となる。

J-SOXの有効性評価の作業は通常の業務監査のプロセスを確実に理解し、実施している監査担当者にとって、ことさら高いハードルではなく、応用問題の域を出ない。業務監査がリスクアプローチを基本とすると同様に、財務報告に係るJ-SOXもまたアサーションの理解は必須の要件であることを忘れてはならない。

第48項 CSAの特長と自店（事業所）検査の導入

CSA（Control Self Assessment）は「内部統制の自己評価」と訳され、IIA（内部監査人協会）の定義では、「内部統制の有効性が検証され、評価されるプロセスである。この目的は、すべてのビジネス目的が達成される合理的な保証を与えるものである。」とされる。これは内部監査の定義とほぼ同様である。第8項などでもみたが、あらためてレッドブック記載の定義を示すと「内部監査は、組織体の運営に関し価値を付加し、また改善するために行われる、独立にして、客観的な保証およびコンサルティング活動である。内部監査は組織体の目標の達成に役立つことにある。このために、リスク・マネジメント、コントロールおよびガバナンスの各プロセスの有効性の評価・改善を、内部監査の専門職として規律ある姿勢で体系的な手法をもって行う。」とある。両者ともに、企業目標の達成を合理的に保証するために、構築された内部統制の有効性を評価する。ただし、後者は評価者の内部監査部門の独立性が強調され、CSAについてはその明記はない。一般的にはCSAは、現場ラインの社員が自らの内部統制を継続的に評価する作業を意味し、自己評価のプロセスは社内の内部監査部門の関与なしに行われるとされる。

日本内部監査協会発行の「第19回監査総合実態調査（2017年監査白書）」では、アンケートに答えた1585社のうち77・6%（1230社）の会社がすでにCSAを導入している。ちなみにアンケートの内容は、リスクや内部統制の自己評価を含む「自主点検活動」実施の有無となっている。今日、多くの金融機関や小売業等で実施されている自店検査や営業所検査のたぐいも、日本独自のCSAの形態といえよう。日頃、業務現場で営まれている業務プロセスに加え、内部監査部門で蓄積された内部統制上の課題や重要項目に対する業務管理者の定期的な自己検証をいう。

ＣＳＡの説明の前に、自店（事業所）検査をこれから導入しようとする会社のために、導入ステップとその効果を簡単に紹介しよう。図表23に示したのは、ＣＳＡの一環として、自己点検制度を社内に構築するステップの例である。(1)自己評価の点検書の整備から、(4)ＣＳＡ年度実施計画書、(8)自己点検の実施、そして⑽不備事項の是正に⑾是正結果のフォローアップとなっている。これら一つひとつのステップのアクションプランを策定し、着実に実行することによって、制度設計を構築する。

この自己点検制度構築の効果として、次の4点があげられる。

①業務活動の牽制機能の強化と業務責任者の日常的な監視の補完となる。

②業務現場におけるリスク認識の醸成に役立つ。

③内部監査部門はＣＳＡの検証結果を評価しリスクアプローチが促進される。

④ＣＳＡの点検項目はリスク管理強化のための出発点となる。

自己点検制度は単に実施の有無を検証するだけでなく、不備と判定された場合は原因を究明し、業務プロセスの改善に結びつけることによって、内部統制のリスクコントロール

（図表23）自己点検制度（CSA）構築のためのステップ

CSA導入・運用のステップの例		主な内容
(1)	自己評価の点検書の整備	●社内内部統制の業務毎のリスク管理を主眼とする点検書（以下、質問票）の整備。
(2)	点検項目の年度の見直し	●社内環境の変化に呼応した定期的な質問票の見直し。
(3)	項目単位の点検頻度の決定	●点検項目のリスク度に応じた点検頻度の設定。（月次、四半期、半期、年次など）
(4)	CSAの年度実施計画書	●CSAをどの程度の程度の頻度で行うかの年度計画書の策定。
(5)	実施責任者の任命	●実施の都度、実施責任者を決め、任命する。
(6)	実施担当者の任命	●実施担当者の独立性を確保する為に、原則自ら担当する業務部門の評価は行わない。
(7)	評価期間の設定	●CSAの点検を行う基準日、並びに実施期間を決める。
(8)	自己点検の実施	●実施担当者は各評価担当業務の検証を評価期間中に行う。
(9)	自己点検結果の報告	●実施責任者は担当者の検証結果をまとめ、CSA結果報告書を作成する。結果は社長、及び本社等へ報告する。
(10)	不備事項の是正	●点検の結果、不備と判定された項目は担当部門が是正。
(11)	是正結果のフォローアップ	●是正結果は、実施担当者が内容を確認し、実施責任者が報告。

が一層強固となる。自己点検制度の究極の目的はそこにある。

世界的にみて、ＣＳＡの実施方法には、次の3通りある。

①ワークショップアプローチ（ファシリテーション方式）

②サーベイ調査アプローチ

③経営者作成の分析

このうち、海外で最も一般的なアプローチはワークショップである。与えられた目的あるいは業務プロセスのリスクとコントロールを評価するために、6～15人程度の関係部門の管理者レベルのメンバーが集まり、2～4時間程度のワークロードを1回開催して解決策を検討する。内部監査部門はこのワークショップに2名が参加し、1人は司会役のファシリテータ（Facilitator）、もう1人は記録係（Recorder）を担当する。内部監査人が最もリスクやコントロールに精通していると考えられるからである。形式だけ見ると、1980年代に欧米でもはやった日本発の品質管理手法（ＱＣ活動やＴＱＣ）に似ているが、ＣＳＡの目的は品質管理ではなく、内部統制の有効性の評価に焦点を当てる。海外ではＣＳＡの導入に内部監査部門が主導するところが多い。

2番目のサーベイ調査は、アンケート形式である。プロセスオーナーが統制状況を評価するために、アンケートの調査結果を使用する。一見サーベイ調査は簡単そうに思えるが、質問書を作成するのが意外とむずかしい。回答は「イエス／ノー」「したことがある／したことがない」などの単純な回答方法を用いる。なぜなら、一つひとつの質問に各部門の責任者に自由回答させたら、取りまとめが大変な作業となる。特定のリスクに対する統制状況を体系的に調査する質問項目を考察するには、知見と技術を要する。

筆者は、過去にこのサーベイ調査アプローチをある企業で実施したことがある。その会社はそれまでシステム監査を実施していなかったため、監査情報がほとんどない。当時、本格的にシステム監査を導入するにあたり、全部署に対してＩＴ環境の調査を面前で行うことは非効率きわまりないことから、ＣＳＡの適用を思い立った。各部署の導入システム、運用状況、情報セキュリティ、文書化など現状調査の質問を、すべてを「はい／いいえ」で回答させるのに、大変苦労した。このアプローチのメリットは、①短期間により多くの回答結果が得られ、②コストが安価ですみ、③ＣＳＡの特殊な技能やメンバーの打合せなどは必要のないことである。内部監査部門も、環境次第でＣＳＡを取り入れることは可能である。ちなみに日本でＣＳＡのアプローチで最も多いのはワークショップではなく、このサーベイ調査である。

最後の経営者作成の分析は、経営者のためにCSAグループが統制に関する情報を収集することだが、例えば特定の統制の欠陥や不正が起こった原因調査や法律や規制によって要求される内部統制についての意見書の取りまとめなど、経営者がCSAを活用するものである。

CSAの導入にあたっては、事前に検討を要する7つの項目がある。それは、①CSAの実施方法の選択、②採用する内部統制のフレームワーク、③CSAのオーナーシップ、④結果の報告主体、⑤活動への経営者の参画の是非、⑥内部監査との関連、⑦CSAの品質保証である。これらを社内で主体的に検討する部門が必要となる。

CSAの導入効果を最大限に享受するためには、特定の部門だけが細々と実施するというのは上策ではない。導入にあたっては、経営トップの理解と社員への明快なメッセージが必須。ガバナンス強化の一環として内部統制の有効性を強化するために、経営者は積極的に仕組みづくりに関与したい。

CSA、特にワークショップアプローチは日本ではまだ馴染みがないが、導入のための

（図表24）CSAワークショップ導入のためのロードマップ

1st Stage 社内におけるCSAマーケティングおよび啓蒙活動	2nd Stage 組織体に適合するCSAアプローチの選択	3rd Stage パイロットワークショップの実践	4th Stage 社内への導入戦略の検討
●経営者向けプレゼンテーション ●導入事由、CSAの位置づけの明確化 ●内部監査部門内での試行的ワークショップの実施 ●導入範囲の決定	●CSAの活動形式 ●内部統制のフレームワークの選択 ●CSAオーナーシップ ●報告主体 ●経営者の参加 ●品質管理と保証	●部門の選択 ●目標の設定 ●メンバリング ●スケジューリング（時期・場所・時間） ●進め方 ●報告書式	●CSA導入にあたっての資源確保 ●社内基礎研修 ●事前の情較収集 ●ワークショップの日程見積り ●ワークショップの時間算定 ●CSAリーダー ●参加者の特定

ロードマップの例を図表24に示した。ＣＳＡは内部統制の自己評価であり、その導入メリットは少なくない。ただし、安易に飛びつくものではなく、事前の検討事項をしっかり固め、トップダウンによる社内への導入の意思表示が効果的である。

08年から施行されたＪ-ＳＯＸの有効性評価は、経営者や内部監査人にとって決して軽い負担ではなかった。財務報告に係る経営者の内部統制の評価作業に、現場管理者の参加を検討した会社は多い。内部監査に従事する者は、ＣＳＡの特徴をよく理解し、単に業務執行部門の自己評価と決めつけずに、これまで述べたように有効な活用方法を前向きに検討してほしい。

第49項

ＩＰＯに向けた内部監査体制整備の要点

新規株式公開（ＩＰＯ）を予定する企業にとって、財務の正確性や健全性とならび内部統制の整備は喫緊の課題となる。なかでも内部統制の有効性を定期的に監視する内部監査体制の構築には外せない要点がある。これを知らずして、証券会社による引受審査をパスすることはできない。

証券会社がＩＰＯ企業の適格性を審査する項目に内部監査がある。通常、日本取引所自主規制法人は一般考査で、幹事を務める主幹事証券会社に対して新規上場のあった案件に関し、上場の適格性や財務の健全性、内部管理体制を十分に調べているか、社内審査担当の引受部門の独立性や審査に関する社内規則の整備状況、企業情報の管理状況などについて検証する。

そのため証券会社は構築されたＩＰＯ企業の内部統制について、内部監査体制のハード面の整備状況と、内部統制をモニタリングする監査業務のソフト面の有効性の両サイドから評価していくこととなる。短い期間に構築された内部監査体制をどう評価するか、広く浅く効果的に審査することは容易なことではない。

ＩＰＯ企業における内部監査の体制整備の要点は4つある。このポイントを押さえることによって、上場審査で体制等のハード面の致命的な欠陥や、「有効性に疑義の残る監査プロセス」といった評価を受けることは回避できる。逆に上場審査ではこのポイントを注意深く検証することとなる。では、その要点とはなにか、順に説明しよう。

第1に、内部監査の組織上の報告経路である。これは内部監査部門にとって、最も重要な〝独立性〟が確保されているかがポイントとなる。内部監査の立場からこの独立性が侵害されると、いかに内部監査活動を効率的かつ効果的に実施しても、内部統制の有効性の評価そのものが水泡に帰してしまうことがある。だれに対して報告するか、報告を受ける人の地位や職責などがポイントとなる。通常は取締役会あるいは最高経営者（CEO）のいずれかであろう。内部監査部長の任命・罷免の権限や監査業務に実行性を与える予算確保の独立性なども必要なことである。出張費や教育研修費などの予算面で適切でない制約を受けることによって、内部監査を遂行すること自体がむずかしくなるからである。

第2は、内部監査の規程の整備状況である。最上位の基本規程である内部監査規程および内部監査実施要領や運用マニュアル等運用規則などの規程が適切に策定されているか。それらの記載内容も含め規程等が不十分な場合、監査活動の根拠規程が不明瞭となり、効果的な監査業務を期待することはむずかしい。IPO成功のため、内部統制や内部監査の体制は表面上取りつくろえばすむというものではない。企業を存続させるには継続性が命である。同時に内部監査もまた、内部監査規程の充足度合いと内容の完成度が継続性を担保する要件となる。

第3は、年度監査計画の策定プロセスである。内部監査部長が自身の経歴を過信し、鉛筆をなめながら年度監査計画を作成しているようでは、社内の内部統制の重要な領域に対して十分な牽制機能を働かせることはできない。社内の監査対象は、リスクマネジメント体制やコントロール、各種意思決定委員会などのガバナンスと多岐にわたり、数も非常に多い。年度監査計画では、それらに優先順位をつけるリスク評価モデルと監査資源の算定が重要なプロセスとなる。内部統制全体を鳥瞰しリスクの軽重で優先順位が判定され、監査計画の実行性を担保する監査資源の算定プロセスが文書化・可視化されている企業は、内部監査体制の基礎ができていると評価される。当然のことながら、年度監査計画に裏付けされた監査実績と結果の報告なども重要マターとなる。

最後は、内部監査を行う者の専門性である。監査業務に専門性が必要なことは論をまたない。内部監査部門で最も専門性が求められるのは、内部監査部長である。筆者の経験では、内部監査部長の専門性の器を超えて内部監査部門は大きくはならない、という鉄則がある。監査部門の専門性を判定するてっとり早い方法は、ＣＩＡ等専門的な資格を有しているかどうかで確認することができる。実務経験と異なり内部監査の専門資格の保有は、相当な期間内部監査の基本を勉強した証左となる。内部監査部門の2割程度は専門資格の保有者が欲しいところである。また、監査担当者向けの教育研修プログラムを制定することで、内部監査部門の運営方針や方向性が評価される要因となる。
これら4つの条件が満たされることによって、内部統制の整備の一環として牽制機能である内部監査体制を重視する経営者の姿勢は信頼できるものとなる。

第50項

ガバナンス領域への内部監査部門の挑戦

IIA発行の「専門職的実施の国際フレームワーク」(IPPF)では、内部監査の客観的な評価対象は、リスクマネジメント、コントロールおよびガバナンスの各プロセスの3つの監査領域とある。このなかで、内部監査部門にとって最もむずかしい監査といわれるのが、最後のガバナンスプロセスである。逆に、組織体の目標の達成に大きく影響を与えるのがこのガバナンスであり、レッドブックは、「内部監査部門は組織体のガバナンスプロセスを評価し、改善のための適切な提言をしなければならない」とする。具体的には、戦略的意思決定および業務上の意思決定、リスクマネジメントおよびコントロールの監督や組織体における倫理観と価値観の向上などがある。

日本内部監査協会の『第19回監査総合実態調査（2017年監査白書）』では、内部監査の対象箇所として、本社のうち人事・総務・経理等のコーポレート・サービス機能以外への監査は、アンケートに答えた1589社のうち76・8％の1220社が行っているとされるが、ガバナンスプロセスの意思決定委員会等がその範疇に含まれるかは大いに疑問である。

本書も最後の項となったが、このガバナンス領域に触れないのでは、画竜点睛を欠く。ここで、内部監査部門の新たな監査領域への挑戦としてガバナンス領域について説明したい。

ガバナンスの監査領域とは、社内で具体的にどの組織を指すのか。それは、企業目標を達成するために、会社の重要な方針や戦略と方向性を決める社内のさまざまな重要な意思決定委員会を対象とする。会社の組織構造上、取締役会や経営会議の次にこれら委員会は位置する。業種によって組織形態が異なるが、おおむね次のような委員会があるのではないかと思われる。

■リスクマネジメント委員会
■コンプライアンス委員会
■危機管理委員会
■ＡＬＭ委員会
■ＣＳＲ委員会
■お客さまサービス向上委員会
■投融資委員会
■情報システム運営委員会　など

これらの委員会は、それぞれの組成目的に照らして、年間を通して活動している。一般に委員長は役員が就き、下部組織に事務局があることが多い。内部監査部門は委員会監査を実施するにあたり、各種委員会活動の運営の特性を理解する必要がある。

その前に、委員会活動のプロセスをＰＤＣＡで表わすと以下のようになる。

Ｐ．委員会組成の目的・組織体制・規程等の制定

Ｄ．年度の活動方針と計画の策定

Ｃ．方針・計画の指示、実施状況の把握

A．活動状況、および計画未達の場合の是正と結果の報告

そして、監査部門が注目する委員会運営の特性は、おおよそ次のようなものである。

①通常、各種委員会では運営のための「委員会規程」を策定する。もし規程が不十分な場合は、活動自体の内容が曖昧となる。

②委員会規程は委員会活動のすべてを定め、委員会の評価の基準の根拠を示す。

③委員会は最高責任者として委員長、および構成メンバーを任命し、また委員会の運営母体として事務局を設置することが一般的である。

④委員会によっては、下部組織（各所管部門等）をおく場合がある。その時は、委員会と下部組織の役割・責任の範囲、指示・報告系統を定める。

⑤委員会の諸活動は、すべて規程に基づいて文書化され、年間の活動計画と実績の記録は定期的に最高経営者と取締役会へ報告される。

これらの特性を理解したうえで、監査計画を策定する。しかし、本書の読者は気づかれていると思うが、すべての委員会を対象に毎年監査を実施できるような監査資源を与えられている内部監査部門は皆無だろう。そこで、内部監査部長の判断、もしくはリスク評価

で、重要かつ緊急性のある委員会を優先することとなる。また、監査頻度を複数に設定して、数年間で一巡する方法でもよい。委員会監査を行う場合は、当該委員会の委員長が監査相手となる。

ごくまれではあるが、役員の委員長が内部監査部門の当該委員会の監査自体を拒否する場合がある。筆者もそのような場面に遭遇したことがあるが、なにも恐れる必要はない。そのために監査部門の独立性が確保され、期初に最高経営者と取締役会が年度監査計画を承認しているのである。一役員に拒否を正当化できる理由はない。

では、実際の委員会に対する保証監査ではどのような不備が想定されるか考えてみたい。委員会監査での内部監査部門の監査目標は、委員会規程に照らした委員会活動の有効性、効率性の評価である。つまり、委員会を組成した目的に照らして、活動自体が効果的に運営され、当初設定された目標が達成されているかどうか、また達成されていない場合はどのような対策が講じられ、新たな目標が設定されているか、などが監査のテーマとなる。

これまでガバナンスプロセスの委員会監査を実施していない内部監査部門にとっては、監査目標や監査プログラムをイメージすることは容易ではないと思われる。委員会活動の

ＰＤＣＡに基づき、どのような不備事項が発生しやすいかを、図表25にまとめた。これまで説明したギャップ分析やプロセスチェックなどの監査手法を活用すれば、さほど困難な監査と考える必要はない。それぞれの不備事項の裏返しが、あるべき統制活動の基準となるので、ぜひ参考としていただきたい。

期初に年度監査計画を策定する際、リスクマネジメント、コントロールおよびガバナンスがリアルな監査対象となる。内部監査部長は、リスク評価を通して監査対象の優先順位を決め、監査部門の監査資源を勘案して、監査対象を決めていく。その過程でリスクマジメント、コントロールおよびガバナンスの3つの領域のバランスを意識しつつ、監査計画の完成度を高める。内部・外部の品質評価の対象には当該年度の監査計画が含まれる。計画の監査対象領域に漏れ、あるいは制限がある場合、内部監査部長はアカウンタビリティの一環として正当な理由の説明を求められる。ガバナンスに関し、いまだ実施していない内部監査部門は、本書との出会いをきっかけに、ぜひガバナンス領域への業務監査にチャレンジしてほしい。最高経営者や取締役会はじめ、社内へ新鮮な驚きと空気を吹き込み、内部監査部門のプレゼンスを大いに高めていただきたい。

（図表25-1）委員会監査における不備事項の事例―その1

委員会の活動プロセス		発生し得る不備事項の内容
P	当該委員会の目的、組織・体制、規程等の制定	1. 委員会規程はあるものの内容が更新されておらず、現行の組織・活動と整合していない。また、記載内容が十分でない。 2. 委員長、事務局、下部組織それぞれの役割・責任が明確に定義されておらず、下位二者の責任の内容が不明瞭な箇所がある。 3. 規程に委員会活動の保管すべき文書が明記されず、活動の証跡が残らない内容となっている。 4. 事務局に委員会を推進する必要な人員が確保されておらず、専門的な知見不足から、十分な委員会活動が期待できない。 5. 委員会は事務局が組成され、運営の補佐を行うと規定されているが、事務局が実質的に委員会の具体的な方針、目標等を起案している。（→事務局の役割の逸脱） 6. 委員会規程を職員に周知する仕組みが整備されず、該当リスクの管理の重要性が社員に十分に認識されていない。
D	委員会の方針・計画の策定	1. 本年度の方針と目標が策定されているが、計画が具体性に欠け、成果、並びに進捗を確認できる内容となっていない。 2. 昨年度と経営環境が変化しているにもかかわらず、委員会の年間の目標、計画がその変化を反映したものとされていない。 3. 当該年度の計画は、実施する執行部門が特定される内容となっておらず、実行性に乏しい。

（図表25-2）委員会監査における不備事項の事例―続き

委員会の活動プロセス		発生し得る不備事項の内容
C	当該委員会の指示、実施状況の把握	1. 委員会は、実行母体である下部組織（所管部門）へ、本年度の方針・計画に基づく、具体的なアクションプランの策定を指示していない。 2. 委員会は、所管部門が策定したアクションプランの内容が本年度の方針・計画と整合しているかを評価しておらず、不整合な箇所が見受けられる。 3. 委員会は、本年度の計画が進捗しているかを定期的に検証していないため、計画遅延が発生しているにもかかわらず、その実態を把握せず、原因分析も十分に行われていない。 4. 委員会は、進捗不芳の報告をうけたにもかかわらず、具体的な改善策や対応策を検討していない。
A	委員会活動の是正と結果報告	1. 委員会は、定期的に進捗や現況を確認した結果、未達にもかかわらず関連部門へ具体的な是正措置を講じる指示をしていない。 2. 委員会は、是正措置の実施状況を定期的に関連部門から報告を受けておらず、対応状況を適正に把握していない。 3. 委員会は、当該年度の計画に対する実績を、適時に社長、及び取締役会へ報告していない。 4. 本年度の委員会活動結果の実績を通じて判明した、是正すべき体制面の脆弱個所について、再発防止を意図した規程の修正を行っていない。

おわりに

鮮烈なニューヨークでの内部監査の体験から25年が経過し、社会人としての人生の半分は内部監査に費やしたこととなる。当初の目的であった日本の内部監査の発展に少しは役に立ったのであろうか。お世話になった会社を自ら退職した当時、新たな旅たちに周囲の理解が必ずしも得られたわけではなかった。内部監査への航路は無事目的地に着いたとは思えない。昨今の日本有数の上場企業や官公庁等で発生する脆弱な内部統制の顕在化があまりに顕著だからである。内部統制を組織内部からモニタリングする内部監査の役割が見直され、十分に機能することなく、時がいたずらに経過している。内部監査を基礎と応用とに分ければ、本書にまとめた項目の大方は前者に分類されるだろう。「えっ、これらが基礎？」と思う読者もいるかもしれない。しかし、応用とは基礎ができてさえいれば、いかようにも料理は可能だ。基礎は時（T）と場所（P）、状況（O）を選ばない。基礎をしっかり身につけてさえいれば自信をもって、内部監査に臨めるはずである。

内部監査に携わる人は、それぞれの環境で次の世代につなげる有形、無形のノウハウを残してほしいと願う。日本企業ではバブルの崩壊、リーマンショックを経て中間管理職を見かけなくなった。それは、ＯＪＴやノウハウを伝達する担い手を失ったことを意味する。この国の高度成長期を支えた終身雇用システムが放棄され、過度な成果実績主義や行き過ぎた拝金主義のもと、商品開発や研究、人財育成の土台さえも軽んじられる時代となって久しい。学業を終え、すぐに内部監査の職に就く人が多い海外と異なり、いまの日本に求められるのは、企業社会に根づき、連綿と続く成熟した内部監査の伝統文化だ。

筆者は、講演や研修等の機会に、世界のプロの内部監査人の話をすることがある。一口に「プロ」といっても、すべてのプロが一流であるわけではなく、レベルは千差万別だ。職業として内部監査に身を置く者（プロ）と人事異動で内部監査の職務に就く者（アマ）との違いはどこにあるのだろうか。プロの内部監査人とアマのサラリーマン監査人の大きな違いは3点ある。まず1つ目は、リスクアプローチの徹底度合いである。内部監査の本丸であるリスクに対するプロの嗅覚は鋭く、監査プロセス全体を通してその信条が貫かれている。2つ目は、個別監査における時間の使い方の巧拙である。プロは往査後の監査報告の取りまとめよりも、むしろ事前の予備調査に相応の時間をかける。最後は、監査調書の完成度がアマとはレベルが違う。プロは監査調書を作成する目的と価値を重視し、内部監査の目的意識の高さが自身の品質を支えているといえよう。

社内における内部監査の地位、プレゼンスを上げるのは内部監査部長自身である。本書のタイトル「内部監査は諸刃の剣」とは、本来独立した立場で実施する内部監査の諸活動は経営において重要な役割を担い、その価値を示しうるものだ。一方でルーティンワークの惰性に流され、落穂拾いの監査に終始する場合、致命的なミスを犯し、信頼を失いかねない。刃は自らにも向かう。脆弱な内部統制の真因分析、リスクの盲点や核心をつく改善提案など、保証活動を通して提供される内部監査の鋭利な刃は、内部統制の高度化、改善への先鋒となるはずである。そして内部監査業務に携わる人は、サラリーマン監査人の立場で満足することなく、職業人としての意識と高レベルの監査を追求し、それぞれの職場で経営目標の達成に資する内部監査の礎を築いてもらいたい。

謝辞

本書の出版にあたっては、株式会社きんざいの谷川治生氏のご指導、また、イオン株式会社経営監査室の植松秀樹氏をはじめ、内部監査を牽引する多くの方々との交流を糧として上梓することができた。心よりお礼申し上げる。最後に、アイ・エー・アークコンサルティング株式会社の取締役近藤康子と、社会人となりそれぞれの得意分野で私の支えとなってくれている家族に感謝の意を表したい。

２０２２年２月　近藤　利昭

■著者略歴■

近藤　利昭（こんどう　としあき）

アイ・エー・アークコンサルティング株式会社　代表取締役
ＣＩＡ（公認内部監査人）、ＣＣＳＡ（内部統制評価指導士）、ＣＦＥ（公認不正検査士）

三井住友銀行監査部上席考査役、ＫＦｉ株式会社マネジャー、野村證券株式会社インターナル・オーディット部ＩＴ監査チームリーダー、ＩＢＭビジネスコンサルティングサービス株式会社シニアマネージングコンサルタントを経て、２００８年アイ・エー・アークコンサルティング株式会社を設立し、現在に至る。

１９９７年ニューヨークで米州検査室を開設。合併後新設された三井住友銀行監査部でグローバルなリスク評価モデルを構築。２００２年よりプロの内部監査人として独立し、日系・外資系の金融機関、事業会社等へリスクベースの監査手法、監査体制整備、品質評価（ＱＡＲ）、情報システム監査、Ｊ－ＳＯＸ、監査役監査など監査体制整備等を支援するほか、ＧＲＣなどリスクマネジメント、コンプライアンス態勢構築支援に従事。

主な著書に『内部監査を活かす術』（金融財政事情研究会）、共著『これが金融機関の内部監査だ 2nd edition』』（金融財政事情研究会）、共著『日本金融機構内部稽核指南』（台湾金融研訓院）。他に「金融内部監査人養成スクール」（金融財政事情研究会主催）、「内部監査の実務講座」（日本女子大学リカレント教育課程）、「内部監査研究講座」（第二地方銀行協会）、日本郵政㈱監査部門研修、ＴＡＣ㈱「ＣＩＡ講座」東証自主規制法人考査部研修、経済法令研究会「金融内部監査士フォローアップセミナー」等、講演多数。

内部監査は諸刃の剣　その価値と有効性

2022年4月21日　第1刷発行

著　者　近　藤　利　昭
発行者　加　藤　一　浩

〒160-8520　東京都新宿区南元町19
発　行　所　一般社団法人 金融財政事情研究会
企画・制作・販売　株式会社 き ん ざ い
出版部　TEL 03(3355)2251　FAX 03(3357)7416
販売受付　TEL 03(3358)2891　FAX 03(3358)0037
URL https://www.kinzai.jp/

DTP：有限会社マーリンクレイン／印刷：株式会社日本制作センター

ISBN978-4-322-14032-3